Mindfulness funciona

Mindfulness funciona

Cómo desconectar y reducir el estrés

BEATRIZ MUÑOZ

conecta

Los libros de Conecta están disponibles para promociones y compras
por parte de empresas, en condiciones especiales para grandes cantidades.
Existe también la posibilidad de crear ediciones especiales, incluidas ediciones con
cubierta personalizada y logotipos corporativos para determinadas ocasiones.

Para más información, póngase en contacto con:
edicionesespeciales@penguinrandomhouse.com

Primera edición: septiembre de 2015

© 2015, Beatriz Muñoz Álvarez
© 2015, Penguin Random House Grupo Editorial, S. A. U.
Travessera de Gràcia, 47-49. 08021 Barcelona

Printed in Spain — Impreso en España

ISBN: 978-84-16029-42-6
Depósito legal: B-15828-2015

Compuesto en M. I. maqueta, S. C. P.
Impreso en Black Print CPI Ibérica
Sant Andreu de la Barca (Barcelona)

CN 29426

Penguin
Random House
Grupo Editorial

A mis hijas, Sara y Sofía

La simplicidad es el logro supremo.

F. CHOPIN

Índice

PARTE 3

MINDFULNESS EN EL DÍA A DÍA:
CÓMO CONVERTIR CUALQUIER EXPERIENCIA
COTIDIANA EN UNA PRÁCTICA DE MEDITACIÓN

PARTE 4

CUANDO EL OCÉANO SE AGITA:
MINDFULNESS Y EMOCIONES

Introducción

*Si realmente quieres descubrir un
sentimiento duradero de paz y satisfacción,
tienes que aprender a reposar la mente.*

Hace aproximadamente 2.500 años, un hombre decidió dedicar su vida a encontrar la manera de librarse del sufrimiento. Ese hombre se conoce hoy como Buda. La razón principal por la que su nombre ha llegado hasta nosotros es porque consiguió su objetivo. Buda cuestionó la tradición y encontró por sí mismo el modo de trascender todo aquello que nos hace sufrir. Y, después de probar en él mismo la eficacia de su descubrimiento, decidió dedicar lo que le quedaba de vida a transmitir aquellos conocimientos a los demás. Así pues, explicó su método y animó a probarlo a todo el que quería escucharlo. Y cuando Buda dejó este mundo, la gente que había aprendido con él cómo ser completamente feliz siguió explicando el secreto a los demás. Así se creó una especie de cadena ininterrumpida que, desde aquellos tiempos y desde la zona que hoy se conoce como Nepal, ha llegado hasta nosotros, en el otro extremo del mundo.

Hace unas décadas, concretamente en 1979, Jon Kabat-Zinn, un biólogo que trabajaba en la Universidad de Massachusetts, decidió transmitir a los demás el método de Buda para encontrar la felicidad, que él practicaba desde que era muy joven. Sensible al sufrimiento, veía cómo muchas personas con diferentes problemas físicos o emocionales pasaban por el hospital de la universidad en la que él trabajaba y cómo, en muchas ocasiones, no había nada que, desde el punto de vista más tradicional del sistema médico, consiguiera aliviar su malestar. Entonces decidió explicarles y animarlos a practicar el método que Buda describió con detalle, que él mismo practicaba a diario y que tanto le servía. Creó un programa de entrenamiento que llamó MBSR (Mindfulness-Based Stress Reduction; en español, REBAP, Reducción del Estrés Basada en la Atención Plena). Durante ocho semanas, Jon se reunió un día a la semana con los pacientes del hospital para practicar y comentar diversas técnicas basadas en las que Buda difundió hace casi tres milenios. El programa funcionó; después de las ocho semanas las personas habían encontrado una vía de salida para su malestar. A partir de entonces aquellas antiguas enseñanzas, que se habían transmitido en Occidente de forma bastante minoritaria, se extendieron como la pólvora.

Y continúan difundiéndose y contribuyendo a aliviar el malestar de muchas personas. A partir de ese programa piloto fueron apareciendo multitud de adaptaciones para diferentes grupos de población o problemas concretos. Kabat-Zinn hizo algo que fue esencial para el éxito de estas enseñanzas en esta parte del mundo: despojarlas de su envoltorio religioso para dotarlas de un carácter científico. Tradujo los términos que se usaban en los antiguos lenguajes sánscrito o pali por otros más cercanos a nosotros, como «estrés» o «insatisfacción», y transformó un complejo cuerpo de teoría y práctica en algo sencillo y accesible para todos.[1]

Hace unos años tuve la oportunidad de realizar unas prácticas como psicóloga en un hospital de Granada. Estuve a cargo de Mercedes Prieto, también psicóloga, que me recomendó leer un libro: *Vivir las crisis con plenitud*. En él, Jon Kabat-Zinn explicaba todos los secretos de su programa MBSR. Mercedes también me dejó unas grabaciones con ejercicios de mindfulness. Me puse a practicar en cuanto llegué a casa. Y desde entonces no he dejado de hacerlo. Mi vida cambió de rumbo y de calidad. De pronto apareció una suave brisa que refresca y aporta ligereza a mi vida y que me impulsa en dirección a la felicidad. Descubrí una práctica muy sencilla que puedo trasladar a mi vida cotidiana para relacionarme amistosamente con mis emociones y con las dificultades que me van surgiendo. Decidí profundizar. Asistí a cursos y a retiros donde se practicaba la técnica de modo más intenso. También quise compartir mi valioso descubrimiento con los demás y aplicarlo en mi profesión, de modo que, para empezar, me ofrecí a enseñar lo que sabía de mindfulness a mis amigos más cercanos. Y de nuevo, funcionó. A aquel primer grupo de amigos le siguió otro y otro... Y continué practicando y formándome. Hoy me dedico a impartir el programa MBSR en Granada. Me siento feliz y satisfecha. Tengo problemas, como todo el mundo, pero también tengo calma y sé cómo afrontarlos sin que me desborden.

Este libro no es ni religioso ni científico. Está basado enteramente en mi experiencia personal, como practicante comprometida con el mindfulness, y profesional, como instructora del programa MBSR. Casi cada día compruebo mediante un ejemplo, en mí o en alguien cercano, cómo la práctica de mindfulness funciona. Yo sé cómo funciona y voy a explicarlo de la manera más sencilla posible, sin renunciar por ello a la potencia y profundidad que hacen que esta práctica no solo se mantenga viva después de muchos siglos, sino que cada vez cobre más fuerza. No verás en este libro citas de artículos o estudios científicos. Tampoco recuerdo en muchas ocasiones dónde escuché o quién me transmitió lo que yo a su vez transmito. Con el mayor respeto y agradecimiento hacia todos los que investigan acerca del mindfulness y hacia todos mis maestros y profesores, y también con la máxima humildad, pido disculpas por no citarlos a veces al referirme a sus descubrimientos o enseñanzas. Me propongo transmitir de la forma más sencilla posible el fruto de mi experiencia, con la intención de aportar alivio al malestar de la gente.[2]

El mindfulness (en español, «atención plena») está de moda. Cada vez más gente lo conoce y lo aplica. Se está extendiendo poco a poco por centros educativos, hospitales, prisiones, etc. Allí donde hay malestar, hay sitio para que entre el mindfulness. Existen cientos de estudios que explican los beneficios de la práctica de la meditación mindfulness en relación con los problemas que hoy en día más nos afectan. El ejercicio de la atención plena reduce el estrés, la ansiedad, la depresión y el dolor crónico; mejora o reduce el deterioro de las funciones cognitivas, como la memoria o la atención; es útil para tratar adicciones, impulsos, problemas con la alimentación; regula la presión arterial, mejora la respuesta del sistema inmunitario... Cada día aparecen situaciones y ámbitos en los que la atención plena resulta ser útil. Con estudios de resonancia magnética, se ha observado además que la práctica continuada de la meditación mindfulness produce cambios en el cerebro en la dirección que apuntan todos sus beneficios. Por citar un ejemplo, una estructura como la amígdala, relacionada con el estrés y el procesamiento de recuerdos y emociones desagradables, disminuye de tamaño y actividad en las personas que ejercitan la atención plena.

Hay mucha gente que lleva años practicando mindfulness, mucho antes de que apareciera el boom que estamos viviendo. Algunos de ellos consideran una especie de sacrilegio esta «popularización» de una práctica que creen sagrada. Otros protestan ante el hecho de que se presente como novedosa una técnica que lleva practicándose desde mucho antes de que existiera Buda, y no solo en esa tradición. Los místicos cristianos, los sufíes o los chamanes viven experiencias con muchos puntos en común a las que se experimentan practicando la atención plena. He podido escuchar en algunos cursos o retiros donde la persona que los dirigía era budista o simpatizante de esta religión que lo que hoy se está divulgando con el nombre de «mindfulness» es algo vacío y superficial que nada conserva de la sabiduría de la que surge. De hecho, yo misma tuve la oportunidad de sufrir en mis carnes las consecuencias de este rechazo. En una ocasión, en un retiro de meditación zen, una tradición que, al igual que el mindfulness proviene de las enseñanzas de Buda, la maestra que lo dirigía me prohibió practicarlo diciéndome que podía sentir con claridad el impedimento que suponía para el avance del grupo el hecho de que yo estuviera practicando algo que no tenía nada que ver con su tradición y que es simplemente una moda pasajera para gente que está perdida y que se divierte yendo de un lado para otro probando diferentes experiencias, como seguramente era mi caso.

Para mí, la grandeza del mindfulness radica en algo muy concreto: en el hecho, que constato a diario, de que funciona y en que existe un método claro, bien descrito y accesible para todos. Quizá practicando mindfulness, tal y como se está popularizando en la actualidad, no se alcance la «gran iluminación». De lo que sí doy fe es de que se consiguen «pequeñas iluminaciones», como descubrir, de pronto, que algo tan sencillo como tomar una taza de té puede llevarte a un estado de paz profunda; o experimentar la gran liberación que supone dejar de obedecer por fin a un hábito que llevas siguiendo desde que tienes memoria, que te ha tenido esclavizado y que probablemente ha generado un montón de sufrimiento para ti y para los que te rodean. La vida cotidiana está llena de pequeños «samsaras», el nombre que dio Buda a esos círculos viciosos de los que no sabemos salir y que nos llevan una y otra vez a repetir lo mismo, generando cada vez más aislamiento y malestar. El mindfulness es el método que permite romper esos círculos y entrar en un estado donde somos libres para elegir cómo queremos vivir nuestra vida y donde podemos realmente comenzar a vivir con plenitud y conexión con los demás.

Mi hermana Gema es profesora de Educación Infantil y enseña mindfulness a sus alumnos de cinco años. El otro día una madre llegó al colegio entusiasmada y le contó cómo, la tarde anterior, su hija, que es alumna de mi hermana, estaba jugando cuando de pronto llegó un hermanito más pequeño y le quitó uno de sus juguetes. La niña montó en cólera y empezó a pelearse con el hermano. La madre intervino y se enredó en la pelea, así que en un momento todo eran gritos y llantos en la habitación. De pronto, bajó la intensidad de la discusión y la madre se dio cuenta de que su hija no estaba. Se puso a buscarla y la encontró en un rinconcito, sentada en posición de meditación, con los ojos cerrados y respirando suavemente. La niña le explicó que de pronto se había sentido muy agobiada en medio de la discusión y había decidido apartarse un poco. La madre decía que su hija se había convertido de repente en un pequeño foco de paz y que les transmitió esa paz a ella y al hermanito sin hacer nada. Para mí esa es una «pequeña» iluminación: el hecho de que esta niñita de cinco años se diera cuenta de su agobio y de lo que le estaba pasando, y que pudiera hacer algo diferente a seguir chillando y discutiendo, que seguramente es lo que llevaba haciendo toda su vida cada vez que su hermano le quitaba un juguete. La atención plena propone una forma de relacionarnos con nosotros mismos y con lo que nos pasa que es diferente a la manera en que lo hemos venido haciendo hasta ahora. Nos permite parar, ver y decidir la respuesta que queremos dar ante lo que nos está sucediendo, en lugar de reaccionar arrastrados por las circunstancias.

Cuando alguien acude a mí en busca de ayuda para solucionar sus problemas, siempre le digo lo mismo: hay que hacer antes algo más importante. Para poder analizar los problemas y buscar una solución debemos primero limpiar y calibrar bien nuestra mente, que es la lente con la que los vamos a analizar. Es difícil comprender qué nos pasa, qué tenemos que cambiar o hacia dónde queremos dirigirnos si no vemos con claridad. Nuestra mente está nublada y enredada en conceptos o ideas acerca de nosotros mismos, del mundo, de los demás… Estamos continuamente dando vueltas a nuestros problemas tratando de encontrar una salida, pero lo que realmente ocurre es que con cada vuelta que damos nos enredamos más y más. Estamos sumidos en un diálogo interno continuo que empaña y oscurece lo más valioso que tenemos: nuestra mente, que es sabia, clara y capaz de conducirnos por donde más nos conviene. El mindfulness es el instrumento que nos va a permitir calmar la mente, acallar el diálogo interno y acceder al tesoro de paz y sabiduría que tenemos en nuestro interior. En este libro presento una serie de prácticas y ejemplos para utilizar adecuadamente este potente instrumento.

En la primera parte, explico qué es el mindfulness y algunos conceptos que considero útiles para apoyar la práctica. En la segunda parte presento lo que se conoce como «práctica formal», una serie de ejercicios y un programa para entrenar la habilidad de la atención plena en ocho semanas. La tercera parte está dedicada a la «práctica informal», o cómo practicar mindfulness mientras realizamos cualquiera de nuestras actividades cotidianas. La cuarta y última parte recoge todo lo expuesto en las partes anteriores, pues ahí doy algunas sugerencias de cómo afrontar situaciones más comprometidas, aquellas en las que entran en juego otras personas o conflictos internos con emociones intensas. Si has practicado con compromiso y dedicación todo lo expuesto en las tres primeras partes, contarás con recursos y temple suficiente para afrontar las situaciones que se exponen en la cuarta parte u otras similares que vayan apareciendo en tu día a día. La felicidad que podemos conseguir a través de la práctica y el compromiso con la atención plena no es un estado que depende de que todo esté perfecto a nuestro alrededor, sino que procede de la confianza en que, pase lo que pase, sabremos afrontarlo y conseguiremos mantener la calma. Con la práctica de mindfulness, no vamos a conseguir librarnos de nuestras emociones o de los conflictos de nuestra vida; lo que sí conseguiremos es la capacidad para estar en paz con todo lo que nos suceda, sacándole a nuestra vida el máximo partido.

Este no es un libro dedicado solo a empresarios o ejecutivos. Todos podemos sufrir estrés en algún momento de nuestras vidas. El estrés al que se refiere el título de este libro no es propiedad exclusiva de los ejecutivos o de la gente de ciudad. Se trata de algo más genérico, más de todos, es el «dukkha» que Buda consiguió eliminar con éxito para siempre y que no ha cambiado mucho desde entonces. *Dukkha* es un término genérico para designar todos los estados en los que sufrimos (angustia, insatisfacción, malestar, desilusión, frustración, dolor... y estrés). Es la sensación angustiosa que podemos experimentar aun estando en el paraje más hermoso y tranquilo de la Tierra. La misma sensación que seguimos teniendo incluso cuando por fin nos hemos ido de vacaciones. A veces nos grita y a veces se manifiesta solo como un suave susurro desde lo más profundo de nosotros. Es esa sensación de «no es suficiente», de «no soy suficiente», que quizá conozcas muy bien. En lugar de huir de ella, practicar mindfulness te da las claves para entrar, entenderla y superarla para siempre, «desconectando» de la vocecita interior que te la recuerda una y otra vez y de la corriente de pensamiento que trata de acallarla. Gracias a la atención plena podrás, por fin, desconectar esa «lavadora» en constante funcionamiento en la que se ha convertido tu mente, para conectar con la calma que hay detrás de toda la maraña que forman tus pensamientos, la calma que reside dentro de ti y en la frescura de cada momento. La empresa más importante es tu propia vida, el trabajo más importante es el de sacar a tu vida el máximo partido y vivirla en plenitud con todo lo que tiene para ofrecerte. En este sentido todos somos empresarios y todos podemos transformar el estrés en la fuerza que nos conduzca a la auténtica felicidad y a la expresión de todo nuestro potencial.

Hace 2.500 años, Buda encontró el modo para acceder y expresar ese potencial ilimitado que todos poseemos, oculto bajo capas de temores y conceptos, y lo convirtió en un método, en una especie de hipótesis de trabajo que animó a practicar a cada una de las personas con las que lo compartía. Buda fue sobre todo un científico, antes de que surgiera la religión que difundiría sus enseñanzas y lo convertiría en un ídolo. Dicen que transmitió su método de más de ochenta mil maneras diferentes para adaptarlo a cada persona, desde campesinos a príncipes. Cuando compruebo la cantidad de formas en que el mindfulness llega a la gente y a las distintas situaciones, siento que Buda sigue adaptando su método en nuestros agitados tiempos para llevar alivio a todo el que lo necesita. Para mí, este libro es una más de esas ochenta y tantas mil maneras. Ojalá que sus palabras y la intención que las anima te lleguen. Te invito a coger de aquí lo que te sirva y a soltar con alegría lo que no.

Parte 1

Mindfulness: conceptos básicos

Mi vida ha estado llena de desgracias terribles, la mayoría de las cuales nunca sucedieron.

MICHEL DE MONTAIGNE

Mindfulness: en qué consiste

Date cuenta de las sensaciones que produce en tus manos este libro que estás leyendo ahora, ya esté en papel o en formato electrónico. ¿Qué sientes? Observa a través de las sensaciones en tus manos si es suave, rugoso, frío, si tiene esquinas, diferentes texturas ... Tócalo y siente tus manos mientras lo haces ... Observa ahora otras partes de tu cuerpo ... ¿Cómo están los dedos de tus pies? ... ¿Están encogidos o relajados? ... ¿Tienes los pies apoyados en algún sitio? ... ¿Puedes notar las sensaciones que produce el contacto de tus pies con ese sitio? ... ¿Cómo están tus hombros en este momento? ... ¿Notas tensión? ... Solo ve observando lo que te voy indicando. Si en algún momento de este recorrido aparece algún pensamiento —como «¿esto qué es?», «¡vaya forma de empezar un libro!», «¡qué interesante!» o «tengo que acabar el informe y poner la lavadora»—, sea cual sea el pensamiento que aparezca, déjalo estar. Date cuenta también de que estás pensando y continúa con este recorrido que te propongo. Vamos a tardar muy poco. Presta atención ahora a lo que estás oyendo. ¿Puedes oír tu respiración? ... ¿Algún sonido más, en la habitación o fuera de ella? ... Atiende unos instantes a cualquier sonido que puedas detectar. Sin pararte a evaluar si son molestos, te encantan o te dan igual, solo óyelos, óyelos todos. Deja ahora los sonidos y vuelve un instante más a tu cuerpo: ¿tienes frío?, ¿calor? ... ¿Cuál es tu postura en este momento? ...

Si has seguido mis instrucciones, puede que, sin saberlo, hayas practicado mindfulness por primera vez en tu vida. Mi intención era empezar este libro explicándote qué es el mindfulness, y ya lo has experimentado:

Has **prestado atención** al **presente** (en este caso, el presente era lo que estaba pasando en ese momento concreto, las sensaciones en tu cuerpo, los sonidos en tu habitación o los pensamientos que iban apareciendo en tu mente), de **forma intencionada** y **sin juzgar**. Si cuando estábamos escuchando los sonidos, hubiera aparecido de pronto el pitido de una ambulancia, quizá pensaras: «¡qué estridente!»; si hubieras escuchado el canto de un pajarillo, quizá llegara a tu mente el pensamiento «¡qué bonito!», o alguno por el estilo. Si estabas siguiendo mis instrucciones, recuerda que te decía que te dieras cuenta de cualquier pensamiento que apareciera y lo dejaras estar, y también que daba igual que los sonidos te gustaran o no, que simplemente los escucharas. Esto significa «sin juzgar», que es igual que «aceptar». Volveremos a tratar este asunto más adelante.

Esto que acabamos de practicar tiene varios nombres. El budismo clásico lo llama *sati* y en inglés se ha traducido como *mindfulness*, que se ha convertido en un término de moda. En español se traduce como «atención plena» o «conciencia plena». A lo largo del libro utilizaré indistintamente los términos en español o el término en inglés, *mindfulness*.

La atención plena es una práctica simple pero muy potente. Puede cambiar tu mundo. Practicándola vamos a dejar atrás algunas de las maneras de hacer las cosas y de pensar que hasta ahora nos han resultado familiares pero que, en muchas ocasiones, tal vez no nos estén llevando en la dirección que queremos.

 Deja de leer unos momentos y respóndete a estas preguntas: ¿Por qué estás leyendo este libro?, ¿qué buscas en él?, ¿qué te gustaría conseguir? Si quieres, puedes cerrar los ojos.

Si tu respuesta tiene que ver con conocerte, estar mejor, más tranquilo, más feliz y cambiar la manera de relacionarte contigo mismo, con el mundo y con los demás, estás en un buen sitio y quizá quieras seguir leyendo.

La mente, el cuerpo y la felicidad

Hay una condición sin la cual es muy difícil ser feliz. Para ser feliz, para estar bien, el cuerpo y la mente han de estar en el mismo sitio. Por desgracia, este no es nuestro estado habitual. Por lo general tenemos el cuerpo en un sitio y la mente en otro. El cuerpo está comiendo, sentado delante de alguien que habla, conduciendo o haciendo cualquier otra cosa (incluso teniendo relaciones sexuales) y la mente está «de viaje». A la mente le encanta viajar. Va de un lado a otro, de una idea a otra. Santa Teresa de Jesús la llamaba «la loca de la casa». Me encanta este nombre. En sus continuos viajes, la mente va sobre todo a dos sitios:

- al pasado: recordando qué pasó, qué nos dijeron, qué hicimos, qué dijimos, cómo nos sentimos…
- al futuro: anticipando qué pasará, qué nos dirán, qué haremos, qué diremos, cómo nos sentiremos…

Mientras la mente está viajando por esos territorios virtuales, el cuerpo está aquí, comportándose como un autómata, funcionando en modo «piloto automático». En este modo no vivimos la experiencia, porque no nos damos cuenta de lo que está sucediendo. Para darnos cuenta de lo que pasa y vivirlo, la mente tiene que estar en el mismo sitio que el cuerpo. Así que cada vez que nuestra mente está de viaje, no estamos viviendo realmente. Además, esta desconexión entre la mente y el cuerpo consume mucha energía, la mente se desgasta en estos viajes y le deja al cuerpo muy poca fuerza, la justa para funcionar en ese modo de piloto automático hasta que ella vuelva. Otra consecuencia de esos viajes es que la mente se trae souvenirs cuando vuelve.

 Piensa unos instantes, sin darle demasiadas vueltas: ¿Qué emoción o emociones te trae tu mente cada vez que la dejas viajar por el pasado?

Pueden ser muchas, pero sobre todo hay una: la tristeza. La emoción que nos recuerda todo lo que hemos perdido, lo que, según nosotros, ha cambiado para peor.

 Reflexiona: ¿Y de los viajes al futuro?

La mente nos trae una camiseta en la que pone ANSIEDAD, así, en letras bien grandes. Es la emoción que se produce cuando anticipamos lo que va a suceder, que, en la mayoría de nuestras cavilaciones, suele ser algo terrible.

Con la práctica de mindfulness vamos a saborear cada momento, a vivirlo, traiga lo que traiga. Esta actitud resulta fundamental: con frecuencia, nuestra vida consiste en una mezcla del presente con los recuerdos y sinsabores del pasado más las preocupaciones del futuro. Además de las consecuencias negativas que ya hemos analizado, es decir, las depresiones por el pasado y las ansiedades por el futuro, el hecho más importante consiste en que no estamos viviendo nuestra vida. Es como si viviéramos en un extraño trance, hipnotizados por nuestros miedos y nuestras cavilaciones, sin ver lo que tenemos delante. El propósito de este libro es ayudarte a romper ese trance y despertar al presente, a la vida.

 Ahora ha llegado el momento de tomar una resolución, de decidir si quieres introducir cambios en tu vida y en el modo de enfocar muchas de tus experiencias. ¿Quieres salir de ese trance y comenzar a experimentar una vida más real, más intensa? Cierra los ojos y entra en contacto con las sensaciones de tu cuerpo en este momento. Plantéate la pregunta «¿quiero seguir adelante?», y observa si aparece alguna respuesta.

La atención plena te traerá más beneficios cuanta mayor y más clara sea tu intención de sentirte bien y de vivir la realidad, tal y como se manifieste en cada momento. Vamos a ir enseñando a la mente a estar aquí, en el mismo lugar en el que está el cuerpo, a volver cada vez que se va a otro lugar diferente del presente. El presente es el lugar en el que el cuerpo y la mente están juntos. Es el único lugar que realmente existe, el único que tienes para habitar.

El triángulo de la atención

 Para un instante y observa: ¿Dónde está tu mente en este momento?

Tanto si has podido darte cuenta de dónde estaba tu mente como si no, puede que en estos momentos te estés preguntando cómo puedes hacer para traerla aquí. Para responderte, te propongo esta práctica.

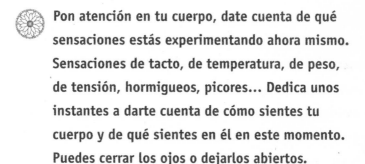 **Pon atención en tu cuerpo, date cuenta de qué sensaciones estás experimentando ahora mismo. Sensaciones de tacto, de temperatura, de peso, de tensión, hormigueos, picores... Dedica unos instantes a darte cuenta de cómo sientes tu cuerpo y de qué sientes en él en este momento. Puedes cerrar los ojos o dejarlos abiertos.**

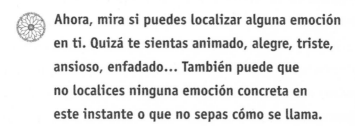 **Ahora, mira si puedes localizar alguna emoción en ti. Quizá te sientas animado, alegre, triste, ansioso, enfadado... También puede que no localices ninguna emoción concreta en este instante o que no sepas cómo se llama.**

Esto no es muy importante. Solo se trata
de dedicar unos instantes a explorar cómo
te sientes.

 Pasa ahora a tomar conciencia de en qué estás
pensando. Justo ahora. ¿Puedes localizar algún
pensamiento? Vale también si estás pensando
que no estás pensando nada o que no sabes
lo que estás pensando. Esos también son
pensamientos.

Para estar aquí tienes que situar tu atención aquí. En el ejercicio que acabas de hacer, has llevado la atención a diferentes lugares. Todos estaban en el presente: primero has puesto tu atención en las **sensaciones corporales**, luego en las **emociones** y por último en los **pensamientos**. Has recorrido en unos instantes tu cuerpo, tu corazón y tu mente. De modo que, cuando quieras situarte en el presente, cuando desees conectar tu cuerpo y tu mente, puedes usar esta práctica que acabas de aprender. Consiste en eso que has hecho: detenerte un instante y comprobar qué sensaciones recorren tu cuerpo, qué emociones hay en tu corazón y qué pensamientos en tu mente, justo en ese momento.

Si te ayuda a recordar el ejercicio, puedes dibujar este triángulo en un pósit y pegarlo en la nevera, en la mesa de trabajo o donde tú quieras. Te propongo que lo practiques al menos un par de veces cada día. Sienta fenomenal hacerlo en cuanto te despiertas por la mañana. Es una buena manera de comenzar a practicar mindfulness.

El triángulo de la atención

Pensamientos

Sensaciones   Emociones

Aunque te recomiendo que practiques este ejercicio todas las veces que puedas a lo largo del día, hay una forma más sencilla y directa para venir al presente cada vez que lo desees, una especie de atajo. Pruébalo ahora:

 Respira tres veces y, mientras lo haces, siente cómo el aire entra en tu cuerpo y sale de él. No tienes que hacer las respiraciones más profundas ni cambiarlas de ninguna manera, se trata solo de dejar un momento lo que estás haciendo y poner tu atención en tres respiraciones. Puedes notarlas en la nariz, en el pecho, en el abdomen o quizás en otro lugar

que tú descubras. Si vas con mucha prisa, basta con que observes una sola respiración. Para que no digas que la práctica de la conciencia plena va a quitarte mucho tiempo...

Te propongo que cojas un lápiz y dibujes triángulos pequeños en lo que queda de libro, por aquí y por allá. Como mínimo, diez y como máximo, uno por página. Cada vez que te encuentres un triangulito, deja de leer, respira profundamente y aplícate el triángulo de la atención: observa cómo está tu cuerpo y qué sensaciones puedes localizar en él en ese momento, qué estás pensando y qué emoción o emociones sientes. Luego, sigue leyendo. Si te surge alguna duda, sonríe y sigue leyendo.

El modo hacer y el modo ser

La práctica de la atención plena nos ayuda a conocer cómo funciona nuestra mente, qué le gusta, qué no, qué hábitos tiene, adónde le gusta irse, etc. Gran parte del estrés y el malestar que padecemos procede de estos hábitos de la mente que ahora podemos comenzar a hacer conscientes.

La mente humana cuenta con dos grandes modos de funcionamiento, que vamos a llamar modo hacer y modo ser.

El modo hacer lo conocemos muy bien: se trata del que la mayoría venimos utilizando desde que tenemos uso de razón. En él, la mente está centrada en lo que falta. Es el funcionamiento mental que clasifica, ordena, marca objetivos, planifica, analiza, compara y está sobre todo centrado en los resultados. Tiene como puntos de referencia el pasado y el futuro. El presente en el modo hacer carece de importancia, es un mero trámite para llegar a un supuesto futuro en el que no faltará nada. Cuando estamos en este modo mental, creemos que la felicidad nos espera en ese futuro en el cual todo lo que ahora molesta se habrá resuelto finalmente. Y cada vez que conseguimos llegar a ese supuesto futuro «perfecto», si es que llegamos, automáticamente vuelve a desplegarse otro nuevo futuro que comenzaremos a perseguir. Esta dinámica es mental y no tiene fin. Puede que hayas experimentado el desgaste y la insatisfacción que ocasiona. Quizá sea esta la dinámica que te ha llevado a comprar este libro para buscar soluciones a ese desgaste.

El modo hacer es muy útil para algunas situaciones concretas: si tengo que entregar un informe, he de ir viendo mi avance, el trabajo realizado y lo que me falta para concluirlo. Se trata del modo que se utiliza para resolver problemas concretos, es decir, aquellos que precisan soluciones concretas. En estos casos, nos ayuda a encontrar la mejor alternativa y a ponerla en marcha. Después, el problema se considera resuelto y ya no hay que volver a él. Podemos pasar a otra cosa.

Ahora bien, párate unos instantes y reflexiona un poco. ¿En qué otras situaciones utilizas este modo? ¿Lo usas con las personas? ¿Con tu pareja, amigos, hijos... o incluso contigo mismo? ¿Lo usas cuando estás comiendo, cuando vas de viaje o en tu vida en general, enfocándote en lo que no está del todo bien en estas y otras actividades?

Suele suceder que usamos el modo hacer en cualquier situación y con cualquier persona, poniendo el énfasis en lo que les falta para ser perfectas, para responder a una idea interna que hemos diseñado en nuestra mente. La consecuencia de esta actitud se traduce en que no solo no disfrutamos, sino que ni siquiera vivimos realmente muchas situaciones, pues cuando las enfocamos con este modo hacer nos resultan incompletas o intolerables.

Además, como hemos comentado, el modo hacer supone un gran desgaste de energía. Muchas veces no hay nada que resolver, nada que conseguir, ningún lugar al que llegar. Sin embargo, nuestra mente se empeña en hacer, en solucionar, en avanzar. Y entonces aparece la rumiación: darle vueltas y vueltas a un asunto tratando de resolverlo, de llevarlo a un lugar que no existe. La rumiación activa la mente pretendiendo buscar una salida que tal vez esté al alcance de la mano y que podríamos detectar si dejáramos esa mente rumiadora en reposo.

Como alternativa al modo hacer está el modo ser. Este es el que vamos a ir desarrollando con la práctica de mindfulness.

Con él no vamos a tratar de eliminar el modo hacer, solo complementarlo, darle un toque de serenidad y perspectiva. El modo ser es el modo de la aceptación, aquel en el que la mente es capaz de quedarse en calma y de considerar y experimentar la realidad como algo completo. El modo ser está pegado al presente, observando con cuidado y delicadeza todo lo que sucede y permitiendo que vaya surgiendo lo que viene detrás sin forzarlo. Todos los ejercicios que propongo en la segunda y tercera parte de este libro están dirigidos a desarrollar esta actitud de la mente, para que dejemos de tratar de resolver lo que no hay que resolver y nos centremos en vivirlo tal y como es.

 Si quieres empezar ya a desarrollar el modo ser, vete a la página 105 y haz la «meditación de la ducha».

Yo narrativo y yo experiencial

 Encuentra una ventana por la que puedas asomarte. Si no tienes una cerca, sírvete de cualquier cosa que tengas enfrente en estos momentos: una pared, un mueble o el mar. Dedica unos minutos a mirar, solo a mirar. Observa lo que ves: sus formas, sus colores, dónde está situado, qué hay alrededor, qué puedes ver más cerca o más lejos... Trata de no utilizar tu

mente en esta tarea, solo tus sentidos. Esto puede no ser fácil. Fíjate si, cuando lleves un rato, comienzas a elaborar historias sobre lo que ves o a irte con tu mente a cualquier otro lugar diferente y alejado de todo eso que está ahí, delante de ti. Cuando te des cuenta de que esto está pasando, deja cualquier historia en la que te hayas enredado y vuelve a centrar tu atención en lo que estabas mirando.

Esto es un ejercicio sencillo de mindfulness. Lo traigo a colación para que te des cuenta de una dinámica muy habitual de la mente. Muchas veces, cuando centramos nuestra atención en el presente, nuestra mente se aburre y se aleja de él. Es importante que nos demos cuenta de esto y del hecho de que podemos traerla de vuelta a lo que estemos haciendo cada vez que nos percatemos de que nos hemos distraído. Se trata, sin duda, de una habilidad que mejora con la práctica. La mente funciona gran parte del tiempo en el modo hacer, así que cuando considera que lo que estamos haciendo no es lo suficientemente útil, se va en busca de algo que le resulte más productivo. Con la práctica de la atención plena vamos a enseñarle que no todo tiene por qué ser útil y productivo. A veces merece la pena pararse un poco a no hacer nada.

A esta parte de la mente que, mientras mirabas por la ventana, aparecía para contar historias y apartarte del presente, vamos a llamarla el yo narrativo. Esta parte de ti cree que sabe perfectamente cómo eres, qué te gusta y qué no, y muchas cosas más. Y lo cuenta y lo explica a cada rato, a ti mismo y a los demás. Es la parte del «yo-mi-me-conmigo» **Yo** soy muy tímido, **mi** casa es la más bonita, **me** pones de los nervios, están muy contentos **conmigo**. En las historias de este yo narrativo, tú y tus problemas sois el centro, para lo bueno y para lo malo. Todo lo que sucede se analiza en relación con ese yo que habla. Cuando ese yo es el protagonista, hay poco espacio para la novedad. Ese yo se asemeja a una especie de esquema rígido que define cómo eres y cómo actúas en cada situación. Se trata de una creación mental que nos creemos a pies juntillas. Y luego empleamos un montón de energía para que lo que hacemos se ajuste a este esquema de lo que pensamos que somos… o que deberíamos ser.

 ¿Puedes reconocer tu yo narrativo y algunas de las historias que te cuenta? ¿Se te ocurre alguna situación en la que te has visto haciendo un esfuerzo por comportarte de acuerdo a ese esquema que has ido elaborando a lo largo de tu vida y que define cómo eres?

Por suerte, no todo en nosotros es yo narrativo. Tenemos una parte que es capaz de estar en contacto con lo que pasa sin esquemas ni prejuicios, dejando que la realidad se desarrolle tal y como es y observando ese proceso. Es la parte de ti que cuando has mirado por la ventana, contemplaba todo lo que había al otro lado tal y como era. A esa parte la vamos a llamar yo experiencial.

Esta diferencia entre el yo narrativo y el yo experiencial es muy importante. Hace unos años, estuve trabajando durante un tiempo en un hospital, en la planta de «agudos» de salud mental. Allí estaban ingresadas personas que no podían estar fuera porque ponían en peligro su vida o la de otros debido a sus problemas mentales. Y fue realmente interesante para mí observar cómo las personas más graves tenían un yo narrativo muy grande. Apenas mantenían contacto con la realidad y, en cambio, habían desarrollado un contador de historias dentro de ellos que había invadido por completo su vida, llenándolos de infelicidad. En la consulta particular como psicóloga encuentro lo mismo: la salud mental depende, en gran medida, de permanecer en contacto con la realidad. Las personas que acuden vienen cargando con un yo narrativo muy importante. La mayoría de los trastornos mentales están alimentados por una historia que la persona que los padece ha creado para alejarse de una realidad con la que no es capaz de relacionarse. Para mí, uno de los grandes beneficios de la práctica de la atención plena es que aumenta ese yo experiencial, nuestra capacidad de estar en contacto con la realidad, con el presente: el único lugar en el que es posible la felicidad porque es el único lugar que existe.

Emociones y estrés: responder en lugar de reaccionar

 Trae a tu mente un momento en el que sentiste rabia. Recrea la situación. ¿Cómo te sentías en ese momento? ... ¿Cómo estaba tu cuerpo? ... ¿Puedes recordar alguna sensación en concreto, si percibías tensión en alguna zona, cambios de temperatura u otros cambios en tu cuerpo? ... ¿Qué pensamientos acudían a tu mente en ese momento de enfado? Si te ayuda, puedes cerrar los ojos.

Si quieres, puedes repetir este mismo ejercicio, cambiando la palabra «rabia» por «tristeza», «miedo» y «alegría». Estas son las cuatro emociones básicas y puedes empezar a conocerlas mejor así: reviviendo una situación en que las sentiste e identificando cómo estaban tu cuerpo y tu mente en esos momentos. No es necesario que se trate de situaciones de mucha intensidad: en una escala del 1 al 10, basta con una situación de intensidad 5.

Toda emoción trae consigo unos cambios en tu cuerpo. Pueden variar según cada persona y situación, pero, en general, la rabia traerá asociados tensión y calor, sobre todo en la cara y en los brazos y manos; la tristeza, baja energía y lentitud; el miedo, tensión o temblor en la zona de las piernas, molestias digestivas o escalofríos, y la alegría viene acompañada de alta energía, sensación de ligereza o expansión en la zona del pecho.

Estos cambios corporales nos preparan para que realicemos comportamientos específicos. Cada emoción ha sobrevivido a lo largo de la evolución en el ser humano porque tiene una utilidad muy concreta que, en numerosas ocasiones, nos ha ayudado a salvar la vida. Así, gracias a esa fuerza y tensión que nos proporciona la rabia, podemos gritar o pelear para defendernos y proteger nuestros límites; la tristeza nos lleva a detenernos para recuperarnos después de grandes esfuerzos o pérdidas y para aprender y asimilar lo experimentado; el miedo nos permite huir de un peligro o quedarnos muy quietos para discernir si una situación es peligrosa o no, y la alegría nos empuja a crear vínculos con los demás, a emprender proyectos, innovar y descubrir.

También aparecen pensamientos específicos asociados a las diferentes emociones. Por ejemplo, cuando tenemos rabia, nuestra cabeza no para de dar vueltas tratando de buscar quién tiene la culpa de lo que ha sucedido. De cómo se comporta la mente cuando aparece una emoción hablaremos más adelante, dadas las importantes consecuencias que esto tiene en cómo se va a desarrollar dicha emoción.

La fuerza de las emociones es tal que, prácticamente, nos obliga a realizar los comportamientos que constituyen su razón de ser. Todos sabemos lo difícil que resulta no gritar, insultar o dar un golpe cuando estamos enfadados. A veces, conseguimos no hacer esto hacia fuera, pero entonces dirigimos esa fuerza de la emoción hacia nosotros mismos, machacándonos literalmente. Cuando la tristeza nos invade, es difícil sacar energía para las ocupaciones cotidianas, y todos hemos sentido cómo el miedo nos paraliza o nos hace salir huyendo, aunque deseemos lo contrario, esto es, quedarnos y experimentar una situación.

Cuando sobreviene una emoción, parece que lo que nosotros queremos no se tiene en cuenta, y casi nos vemos arrastrados por su fuerza, lo que nos lleva a comportarnos de un modo que, en muchas ocasiones, no es el que desearíamos pero que tampoco podemos evitar. Esta es justo la función de las emociones: son enormes descargas de energía, órdenes cerebrales muy profundas y primitivas que, prácticamente, anulan nuestra voluntad para poder resolver situaciones imprescindibles para la supervivencia.

El problema es que las emociones no siempre aparecen para salvarnos en cuestiones de vida o muerte. Nuestro cerebro primitivo, del que surge esa energía que despliega la emoción, no se detiene a evaluar si merece la pena reaccionar o no. Ante la mínima sospecha de amenaza a nuestro bienestar, aparece la emoción para que actuemos y nos libremos de esa supuesta amenaza. Y la mayoría de nosotros se pasa el día obedeciendo órdenes de ese cerebro primitivo, reaccionando con rabia o miedo ante sucesos que convertimos, como por arte de magia, en fieros leones a punto de atacarnos.

Los espacios que existen entre el estímulo que provoca la emoción, la propia emoción y nuestra reacción son muy pequeños. Si voy conduciendo y alguien se me cruza en una rotonda (estímulo), es posible que me enfade (emoción: rabia) y que dé un grito o que toque el claxon (reacción). Entre cada una de las partes de esta cadena, apenas habré dispuesto de tiempo para decidir qué reacción quiero tener ante esa «amenaza» del conductor que se me ha cruzado. Solemos comportarnos en modo piloto automático, como ya hemos visto, y nos vemos arrastrados por las circunstancias externas sin saber, la mayoría de las veces, por qué hemos actuado como lo hemos hecho.

La práctica de la atención plena va a ayudarnos a distinguir con claridad los eslabones de las cadenas que nos llevan a reaccionar de modos que no son los que deseamos y a aumentar los espacios entre ellos, para que podamos decidir nosotros qué reacción queremos manifestar. Ya no se tratará entonces de una reacción, sino de una **respuesta consciente**.

En el ejemplo del conductor que acabamos de exponer, en lugar de ir en piloto automático y dejarme arrastrar por las circunstancias, para acabar, como mínimo, con un insulto o un bocinazo, puedo actuar en modo atento, consciente. Así podré discernir con claridad esos eslabones que no tienen por qué llevarme a donde yo no quiero. Si practico la atención plena en el primer eslabón, veré simplemente un coche que atraviesa la calzada por delante de mí. Observaré el color del coche, su velocidad, su trayectoria... y trataré de no chocar con él y seguir mi camino. Quizá pueda observar también que, en esos momentos de tensión (porque sin duda mi bienestar puede verse amenazado y es cierto que alguien ha invadido «mi territorio»), aparecen ciertas sensaciones en mi cuerpo y pensamientos concretos en mi mente, que probablemente estarán asociados a la rabia. Si fuera en piloto automático y la emoción que apareciera fuera la rabia, tocaría el claxon o insultaría al otro conductor. Si, por el contrario, he incorporado la práctica de la atención plena en mi vida cotidiana (realizando los ejercicios que se proponen en este libro, por ejemplo), seguiré mi camino para salir de la rotonda sin chocar, observando todo lo que pasa en mi cuerpo, en mi mente y a mi alrededor, sin verme arrastrado por ello.

No siempre podemos permanecer atentos en todos los puntos de la cadena que intervienen a la hora de reaccionar; depende del momento, de la situación, de cuánto hayamos practicado mindfulness y de muchas otras variables. No obstante, la diferencia sustancial, la que abre el camino al cambio, es la intención que tengamos de estar atentos. Aunque nos veamos arrastrados por las circunstancias y lleguemos a descubrirnos gritándole al conductor de al lado, basta con darnos cuenta de esto en el momento en que podamos. Un segundo de mindfulness marca la diferencia. Cada vez seremos capaces de ver un poco más y esto se irá notando en nuestro día a día.

Esta frase de Viktor Frankl resume muy bien esta capacidad que acabamos de comentar y que se cultiva con la práctica de la atención plena, la **capacidad de responder en lugar de reaccionar** y, por tanto, de tomar nosotros las riendas de nuestra vida:

«Entre el estímulo y la respuesta hay un espacio. En ese espacio descansa nuestra capacidad de elegir la respuesta. Y en esa respuesta se asientan nuestra libertad y nuestro crecimiento.»

Estrés: no estamos diseñados para ser felices

 Imagina a dos hombres primitivos andando por un bosque lleno de maleza. Uno de ellos reacciona con intensidad ante cualquier sospecha de peligro. Oye que unas hojas se mueven a su lado y se pone en guardia: su cuerpo se tensa, su corazón se acelera y siente ahogo porque necesita muchísimo oxígeno. Toda su atención está puesta en esas ramas que se han movido y en lo que podría pasar si detrás de ellas se escondiera un animal salvaje. Va andando por el bosque sospechando, para mal, de todo lo que se va encontrando y siempre en tensión por si tiene que echar a correr en cualquier momento.

Ahora imagina a otro completamente opuesto. Va tranquilo, confiado, contemplando el paisaje y disfrutando de él. No se preocupa hasta que no ve un león bien grande con la boca muy abierta justo delante de él.

¿De cuál crees que descendemos?

No sé si habrás adivinado que el cavernícola feliz y confiado tenía pocas probabilidades de sobrevivir. Nuestro cuerpo y nuestro sistema nervioso han ido evolucionando y han podido llegar hasta hoy porque poseen una extraordinaria capacidad para detectar y escapar de los peligros. Y la madre naturaleza no escatima en reactividad: es mejor que reaccionemos ante la más insignificante señal de alarma a que, confiados, nos pille el león y nos devore al menor descuido.

En lo más profundo de nuestro cerebro, existe un mecanismo capaz de detectar la más mínima amenaza a nuestra integridad y de movilizar todo un torrente de energía muy bien enfocada que transformará nuestro organismo para conseguir librarnos de esa amenaza. Ese mecanismo es el que, si vemos que un camión va a atropellarnos o que un león está a punto de devorarnos, nos ayuda a dar un salto con una rapidez y una fuerza dignas de un atleta olímpico.

¿Cuál es el problema? Pues que este mecanismo salta a la primera de cambio (recuerda cómo se comportaba nuestro antepasado cavernícola) y no se detiene a evaluar si el supuesto peligro es real o imaginario, externo o interno, más grande o más pequeño. Para colmo, los seres humanos tenemos la capacidad de fabricar, con los pensamientos, amenazas ante las que reaccionamos como si fueran leones que vienen a devorar a nuestras crías.

Para un momento y reflexiona si en alguna ocasión has fabricado con tu mente una amenaza que te ha hecho reaccionar con miedo, rabia o tristeza.

El simple hecho de pensar que voy a llegar tarde a una cita, que me van a despedir o que no soy todo lo inteligente que me gustaría puede desencadenar en nosotros la misma reacción que si estuviéramos delante de las fauces de un león. Esa es la reacción de estrés: todo el cuerpo y todo el sistema nervioso se alteran para conseguir salir airosos de un desafío que pone en peligro nuestro bienestar, incluso nuestra vida, y que claramente sentimos que supera nuestros recursos para afrontarlo. El corazón acelerado, los músculos en tensión, el sistema nervioso hiperactivado, la sangre más espesa y fluyendo a toda velocidad, los sistemas digestivo y reproductor bloqueados... Estos son solo algunos de los cambios que se producen en nuestro organismo cuando estamos en presencia de un león o cuando creemos que lo estamos. Y da igual que el león tenga la cara de mi vecino, de mi jefe o de un recuerdo de algo que me sucedió hace tiempo, mi cuerpo reacciona igual ante todos los leones.

Además, cuando el león que me ataca es real, por lo general la amenaza dura poco: o gana el león y le sirvo de cena, o gano yo; la cosa se decide en pocos minutos. Con lo cual, todo el sobreesfuerzo que mi organismo está realizando no dura demasiado. Ahora bien, si el león no es en realidad un león, sino que lo estoy creando y alimentando con mis fantasías, se puede pasar a mi lado días, meses e incluso años. Con lo cual todos esos síntomas de activación puntual que venimos describiendo se dilatan y van desgastando poco a poco el cuerpo y la mente hasta poder llegar a destruirlos. Pero hay más: incluso en el caso de que el león fuera real y consiguiéramos escapar de él, normalmente, en los seres humanos, la cosa no acaba ahí. Veamos.

 Imagina un conejo que va saltando feliz por el bosque. De pronto se encuentra con un lobo que empieza a perseguirlo dispuesto a comérselo. El «sistema de alarma» del conejo se pone en marcha y, gracias a la gran eficiencia de este sistema, consigue llegar a su madriguera, refugiarse y salvar la vida. ¿Qué pasa en el cuerpo del conejo una vez que entra en su madriguera y se ha librado del peligro?

Seguro que has acertado: el conejo se calma. Su sistema de alarma, que ya ha cumplido con su misión, se desactiva. Todo vuelve a la normalidad y el conejito se comerá su zanahoria y se echará a dormir. Incluso puede que se sienta muy relajado, porque todo su organismo se está esforzando en contrarrestar el desgaste sufrido, y en reparar la tensión y las alteraciones ocurridas con sus opuestos, la relajación y la calma.

Ahora imagina ese mismo conejo, en la misma situación, pero con un cerebro humano, dotado de lenguaje y, por tanto, con la capacidad de recordar y de anticipar. ¿Qué pasará cuando consiga escapar del lobo y llegue a su madriguera? ¿Se desactivará su sistema de alarma?

Probablemente no. Los cerebros humanos tienen la capacidad de dejar encendido ese sistema de alarma una vez que ha dejado de ser necesario. Si ese conejo fuera humano, seguramente no permitiría que el «sistema de relajación y calma» cumpliera su misión, reparando el daño sufrido y volviendo todo al punto de inicio, ese plácido momento en el que el lobo apareció y empezó a perseguirlo. Imagina al conejito con cerebro humano, recordando: «¡Oh, qué susto, qué lobo más grande, casi me come, qué dientes tenía…! ¡Era terrible!». O anticipando: «¿Y si mañana, cuando salga, me lo encuentro otra vez? No podría soportar otra situación así. Anda que si me come… ¿Qué será de mis hijitos? ¿Y si entrara en mi madriguera…? ¿Podrá entrar?». Así que la amenaza no pasa y el organismo permanece tenso, bloqueado y enfocado en el peligro, incluso cuando este ya ha pasado.

De seguro que conoces (en tus propias carnes, incluso) los efectos de ese estado de alerta sostenido en el organismo. Dicho estado, como hemos visto, se produce porque creamos leones que no existen con nuestra mente o porque, aun siendo reales, una vez que nos hemos enfrentado a ellos, no dejamos que todo regrese a su lugar. Cada vez se habla más de estos efectos, porque cada vez más personas los sufren. Tensión muscular, hiperactivación, rumiación, aceleración... y lo que no se ve: hormonas tóxicas en sangre, defensas acumuladas en la superficie de la piel, arterias más estrechas... Vivimos preparados para defendernos de fieras salvajes que vemos por todas partes. Todo esto va produciendo un desgaste que va estropeando el cuerpo y la mente y que acaba manifestándose en forma de enfermedades y malestar que pueden tener, incluso, consecuencias fatales.[3]

 Si quieres, puedes ahora imaginar cómo sería ese conejo humano si practicara la conciencia plena. ¿Qué cambiaría al llegar a su madriguera?

Una de las habilidades que desarrollarás con la práctica de la atención plena es la de darte cuenta de cómo está tu cuerpo y de cuáles son las tendencias de tu mente, tales como recordar o anticipar. También aprenderás a no «irte detrás» de esas tendencias, a no enredarte en ellas. El conejo meditador llegaría a su madriguera y, una vez a salvo, comenzaría a observar su cuerpo y su mente (si hubiera leído este libro y practicado sus técnicas, usaría «el triángulo de la atención» para observar las sensaciones en su cuerpo, sus emociones y sus pensamientos). Notaría la aceleración de su corazón y cómo esta iba disminuyendo, se daría cuenta de la tensión en sus músculos y poco a poco iría abandonando toda la tensión por el esfuerzo realizado. Se sentiría muy agradecido por haber escapado con vida y comenzaría a relajarse, centrándose en esos sentimientos de alivio y felicidad, que poco a poco lo estarían invadiendo. A la vez se percataría de cómo una parte de su mente, la descendiente de cavernícolas ansiosos (a la que hemos llamado el yo narrativo), estaría tratando de sacarlo de ese estado de paz, diciéndole todo lo que podría haber salido mal. Y la observaría con cariño, sin pretender reprimirla, pero también sin hacerle demasiado caso, dejándola estar ahí. Poco a poco esa mente asustada se iría calmando también, dejando paso a algún aprendizaje que el conejito sabría aprovechar. Quizá tendría que volver a casa por un sendero diferente al escogido ese fatídico día o tal vez tendría que encargar al conejo herrero una rejita para la puerta de su madriguera.

Práctica formal e informal

El mindfulness puede practicarse de dos maneras: formal e informal. Formal significa que reservas un lugar y un tiempo concretos para dedicarte a la práctica, siguiendo unas instrucciones específicas. Informal quiere decir que en cualquier actividad o momento de tu día a día puedes practicar la atención plena si te lo propones y sabes cómo hacerlo. Con este libro aprenderás las dos maneras. En el siguiente capítulo, explicaré una serie de ejercicios de meditación que te servirán para dedicarte a la práctica formal. Ambos modos de practicar son igual de efectivos, pero no te recomiendo que prescindas de ninguno de los dos. Uno alimenta al otro, y la manera mediante la que realmente vas a poder disfrutar en tu vida de los innumerables beneficios que puede aportarte el cultivo de mindfulness, es adquiriendo el hábito de sentarte a practicar los ejercicios todos los días un rato para luego trasladar a tu rutina eso que haces y aprendes estando sentado.

Aquí damos por finalizada la parte del libro en que hemos explicado algunos conceptos importantes relacionados con el mindfulness. Volveremos sobre ellos más adelante y también introduciremos algunos nuevos. Seguro que estás deseando continuar para conocerlos y poder aplicarlos en tu vida. Si es así, ¡adelante!

Parte 2

Práctica formal:
un plan de entrenamiento

Todas las desgracias del hombre se derivan
del hecho de no ser capaz de estar
tranquilamente sentado y solo en una
habitación.

BLAISE PASCAL

¿Por qué practicar?

Bienvenido al corazón de este libro. Esta parte, dedicada a la práctica formal, y la siguiente, destinada a la informal, son las que realmente contienen la clave del cambio, de tu cambio. Por muchos libros que leas, por muchos cursos que hagas, por mucho que lo desees... hasta que no te pongas manos a la obra, no va a producirse una transformación significativa. Lo cierto es que, cuando realizo la sesión informativa y explico a los interesados en el programa que imparto los beneficios de la práctica de mindfulness, no puedo decir todo lo que me gustaría. Tengo que ser comedida para que no piensen que quiero vender el curso a toda costa o que soy demasiado fantasiosa y salgan huyendo de la charla informativa. Aquí, en cambio, sí que voy a atreverme a contarlo, pues confío en que vas a seguir leyendo: empezar a practicar mindfulness es comenzar un camino que te puede llevar a librarte del sufrimiento. Dejar de sufrir es posible. Por lo general, no se trata de algo que ocurra de la noche a la mañana, pero es cierto que el cambio se va notando. La práctica de la atención plena construye poco a poco las bases de tu felicidad y te irás dando cuenta a medida que vayas adentrándote en la práctica. Solo te queda comprobarlo.

Se dice que Buda afirmaba que el dolor es inevitable y el sufrimiento, optativo. El dolor nadie puede quitártelo, pero sí que puedes eliminar todos los «adornos» que pone tu mente, que terminan por convertirlo en sufrimiento y que pueden llegar a hacer de una mota de polvo una montaña. ¿Cómo? Practicando la atención plena: conociendo tu mente, observando tus pensamientos y emociones sin identificarte con ellos, entrando en contacto directo con la realidad, sin filtros ni adornos, eligiendo qué quieres hacer con lo que sientes, tratándote con cariño y respeto, ofreciendo espacio y apertura a la experiencia de cada momento y más cosas que iremos viendo y experimentando. Practicando la atención plena, aprendemos a entrar suavemente en nuestro dolor, en nuestros miedos, en nuestras inseguridades y en todo lo que nos asusta. Aprendemos a conocerlos y a relacionarnos de un modo diferente con ellos, sin evitarlos ni negarlos. Comprendemos que forman parte de nosotros y de nuestra riqueza como personas. Y es al aceptarlos y comprenderlos cuando empiezan a transformarse, se convierten en nuestros aliados y dejan de incordiarnos. Esto sucede y, si quieres comprobarlo, no tienes más que realizar durante un par de meses las prácticas que voy a proponerte. Has de tener en cuenta que la transformación que experimentarás no será instantánea y radical, sino paulatina y suave; pero la irás notando en ti y en lo que te rodea. Merece la pena probar unas cuantas semanas para después decidir si seguir o no.

Antes de comenzar

Antes de explicar las diferentes prácticas por separado, voy a presentarte unas **nociones generales** que sirven para todas. Este libro empieza con una cita: «la simplicidad es el logro supremo». Si hay algo que debemos recordar continuamente a lo largo de la práctica de la atención plena, es esto, la simplicidad. Cuando tengas alguna duda, recuerda esta cita y elige la opción más sencilla, siempre.

El lugar

Puedes practicar en cualquier sitio, no hace falta que esté preparado de un modo especial. Tampoco son necesarios inciensos, imágenes, velas, ni nada en concreto. En cambio, sí es importante que el lugar sea tranquilo y que puedas estar ahí sin interrupciones durante todo el tiempo que dediques a practicar. Apaga el móvil y pide que no te molesten a no ser que de pronto la casa se incendie y haya que salir corriendo.

LA ROPA

Viste ropa holgada, que no te apriete, para que puedas respirar con facilidad.

LA POSTURA

Elige una postura en la que te sientas cómodo. Esto es importante. Si decides sentarte, puedes hacerlo en una silla, en un cojín, en el borde de la cama, en el suelo... donde tú quieras, siempre que te encuentres a gusto. También puedes tumbarte o, incluso, quedarte de pie. Si te tumbas, debes procurar no quedarte dormido. Te recomiendo empezar sentándote en una silla. Una vez sentado, apoya bien tus pies en el suelo y siéntelos ahí, bien plantados. Revisa tu postura y tu cuerpo para que no haya tensiones innecesarias: en el abdomen, los hombros, la mandíbula, el entrecejo o en cualquier otra parte. Para aflojar las tensiones de tu cara, lo mejor es sonreír ligeramente. Mantén la espalda erguida, sin tensión, de modo natural, como si tuvieras una cuerdecita atada en la coronilla y de ahí te tiraran suavemente en dirección al cielo. Si puedes, no apoyes la espalda en el respaldo de la silla y, si lo haces, intenta seguir manteniéndola bien recta. No saques mucho la barbilla hacia fuera, retráela un poquito en dirección a tu cuello. Así mantendrás tus cervicales mejor alineadas. Pon las manos en tu regazo, sobre los muslos, con las palmas hacia arriba o hacia abajo, como prefieras. Puedes cerrar los ojos o dejarlos abiertos. Si los mantienes abiertos, orienta tu mirada hacia abajo y déjala descansar en algún punto delante de ti.

El solo hecho de adoptar esta postura que he descrito constituye en sí mismo una meditación. Antes de comenzar cualquiera de las prácticas que te propongo, dedica unos instantes a construir y regular tu postura, a tomar conciencia de ella, de tu cuerpo y del lugar que ocupas. Observa cómo tu espalda se mantiene erguida de forma natural, sin ejercer tensión en ella, y deja que el resto del cuerpo se relaje. Quizá puedas sentir cómo, solo con tu postura, estás ya cultivando y expresando estabilidad, equilibrio, presencia y dignidad.

Es importante que trates de mantener esta postura durante todo el tiempo que dure la práctica. No obstante, si en algún momento decides que quieres cambiarla, o incluso levantarte e interrumpir la sesión, es muy, muy importante que no lo hagas de golpe, de forma automática. Cuando quieras moverte, date cuenta de tu intención de hacerlo y después hazlo, de acuerdo con esa intención, despacio, observando los movimientos que vas realizando y la nueva postura que has adoptado.

CUÁNTO TIEMPO

Tú decides cuánto va a durar tu sesión de meditación. Puedes empezar con sesiones de diez minutos, una o dos veces al día y, cuando se te hagan cortas, ir añadiendo tiempo. Un amigo me dijo en una ocasión que sabes si estás meditando el tiempo correcto si, cuando se acaba la sesión, te quedas con ganas de más. Es fundamental que la práctica formal de la meditación no se convierta en una obligación o una carga para ti. Para que tu práctica tenga continuidad y dé frutos es importante que encuentres el equilibrio entre el esfuerzo que tendrás que hacer para sentarte cada día y la satisfacción que obtengas al hacerlo. De modo que, si los diez minutos que te he sugerido se te hacen muy largos, empieza con cinco o incluso con menos. Es muchísimo más recomendable practicar unos minutos cada día e ir añadiendo más poco a poco que darte un atracón un día y no querer volver a repetir. Si tienes por ahí la imagen de un meditador perfecto, abandónala y ve conociendo y aceptando al meditador que tú eres.

Es importante también que pongas una alarma (con el volumen bajito) y que respetes el tiempo que has decidido practicar, sobre todo para evitar que, en cuanto te canses o te aburras, cosa que puede suceder fácilmente, reacciones de golpe e interrumpas la sesión. Si en algún momento te dan muchas ganas de levantarte o si tienes que moverte, porque estás seguro de que el reloj se ha estropeado y no va a sonar nunca o por cualquier otro motivo, hazlo; pero recuerda no hacerlo impulsado por ningún resorte. Observa qué pasa (tus ganas de levantarte o de moverte) y, a continuación, muévete despacio, de forma consciente.

¿Algo más?

No necesitas nada más, solo tus ganas de empezar y ponerte a ello.

Prácticas de mindfulness

Voy a proponerte ahora una serie de ejercicios para que comiences a practicar. Lo que distingue unos ejercicios de otros es dónde centras tu atención. Imagina que tu atención es el foco de una linterna y que puedes dirigirla hacia donde tú quieras. También puedes cerrar el foco e iluminar un puntito o abrirlo para iluminar un gran espacio. La práctica básica es la «atención a la respiración». Se trata de dejar tu atención descansando en un lugar concreto, observándolo. El haz de luz de tu linterna interior se estrecha y se concentra para enfocar ese punto concreto. Este ejercicio sirve para estabilizar y calmar tu mente saltarina, «la loca de la casa», como la llamaba santa Teresa de Jesús. Así que la práctica consiste en enfocarte en ese lugar y en llevar a tu mente de vuelta ahí, amablemente, como si fuera un bebé travieso, cada vez que te das cuenta de que te has distraído.

Más adelante te propongo un programa de entrenamiento de ocho semanas basado en estos ejercicios.

Verás que la descripción que realizo de las diferentes prácticas es muy concreta y breve. Lo cierto es que las instrucciones para meditar son muy sencillas. A veces se adornan y complican sin necesidad. La idea es que entiendas la instrucción básica y que te sientes a seguirla. ¿Qué puedes hacer si te surgen dudas sobre cómo hacer el ejercicio? Si acuden durante la sesión, déjalas que se vayan y céntrate en tu respiración o en lo que estés atendiendo en ese ejercicio concreto; si te asaltan en otro momento, relee la instrucción y trata de ceñirte lo máximo posible a ella. Si las dudas persisten y no tienes a quién preguntar, apúntalas en tu agenda a tres meses vista, y sigue practicando a diario, con las dudas incluidas, de la mejor manera que puedas. Hay una altísima probabilidad de que, después de esos tres meses de práctica, cuando te encuentres con lo apuntado en tu agenda, esas dudas se hayan esfumado.

Antes de comenzar cualquiera de estos ejercicios, repasa los puntos acerca de la postura, el lugar y el tiempo de las sesiones, en las páginas 59-63. La instrucción para realizarlos aparece en el recuadro. Y, a continuación, enumero una selección de las preguntas más frecuentes que me hacen mis alumnos con dudas acerca de las prácticas.

Práctica base: Atención a la respiración

Antes de comenzar, repasa las instrucciones acerca de la postura, el lugar y el tiempo de las sesiones, en las páginas 59-63.

Atención a la respiración: Instrucciones

Encuentra un lugar en tu cuerpo donde puedas notar con claridad las sensaciones que produce el aire al entrar y salir. Puede ser la nariz, el vientre, el pecho o cualquier otra parte que elijas. Centra tu atención ahí, siente los efectos que produce el aire cuando entra y sale del cuerpo. Cómo roza la piel al pasar por las fosas nasales o cambia el volumen del pecho o el abdomen, por ejemplo. No modifiques la respiración, solo observa y respeta cómo es en cada momento.

Si de pronto algo te distrae (un ruido, una sensación, un pensamiento...), en cuanto te des cuenta de que te has distraído, vuelve a dirigir amablemente tu atención al lugar donde estaba y continúa sintiendo tu respiración.

Preguntas frecuentes

¿Eso es todo?

Eso es todo. No tienes que hacer nada más. Se trata, sin duda, de una práctica muy, muy simple pero muy, muy importante. Además constituye la base de todas las otras prácticas. Antes de llevar a cabo cualquiera de las que voy a explicar a continuación, comienza realizando esta práctica durante unos minutos, siempre.

¿Por dónde debo respirar, por la nariz o por la boca?

Si no tienes ningún problema, es mejor que inhales y exhales por la nariz. Antes de comenzar cada ejercicio puedes hacer una rutina que te puede ayudar a centrarte. Haz dos o tres respiraciones más profundas, tomando todo el aire que puedas por la nariz y soltándolo despacio por la boca, hasta sentir que has vaciado bien tus pulmones. Aprovecha la exhalación para soltar, repitiendo mentalmente si quieres esta palabra, «soltar», mientras exhalas; con la exhalación, permite que se liberen las tensiones en tu cuerpo y deja a un lado por un momento todos tus problemas y todo lo que has hecho y pensado en el día, para dedicarte a estar contigo, a solas, por unos minutos.

¿Qué significa exactamente «observar la respiración»,
significa pensar en ella? ¿Cómo la observo?

Observar la respiración significa poner tu atención en las sensaciones que produce en el cuerpo; es sentirla. Si pruebas a darte un pellizquito en un brazo, verás que puedes darte cuenta del efecto que produce, podrás sentirlo, sin tener que pensar en ello.

Cuando estés prestando atención a tu respiración, puedes conocerla mejor. Puedes detectar cómo se manifiesta en cada momento, si está agitada o tranquila, si es profunda o superficial, y también comprobar cómo va cambiando. Puedes ver si la inspiración y la exhalación duran lo mismo; prueba a concentrarte en seguir la inspiración en toda su duración, desde que empieza hasta que acaba, y haz lo mismo con la exhalación. Puedes explorar si se produce alguna pausa al final de la inspiración, antes de que el aire cambie de sentido y comiences a exhalar, y lo mismo al final de la exhalación. Y también puedes observar esas pausas. A veces pareciera que la respiración ha desaparecido, pero está ahí... quédate ahí. Si estás prestando atención a las sensaciones que produce la respiración en tu nariz, mira si el aire pasa por una sola de las fosas nasales o por las dos, y si pasa solo por una, por cuál lo hace. Puedes disfrutar de tu respiración, dejarte mecer por su ritmo. Y cada vez que te alejes... vuelve a ella.

No me gusta nada cuando veo que me he enredado con un pensamiento y me he ido muy lejos, me pasa un montón, me distraigo muchísimo.

Esto es muy importante: date cuenta de cuál es tu reacción cuando descubres que te has distraído, si te enfadas, te juzgas, te regañas... Con este tipo de prácticas estamos cultivando una **atención amable**. Muchas veces nos planteamos objetivos, incluso de forma inconsciente, sin saber que lo estamos haciendo. Pero están ahí y ejercen presión. Es posible que tu objetivo al practicar la atención a la respiración sea no distraerte o hacerlo cada vez menos. ¡Suelta cualquier objetivo! Acepta que la naturaleza de la mente es distraerse, vagar y saltar de una idea a otra. A veces, se engancha en algo que le parece interesante y se va muy lejos. No importa; estamos aprendiendo a conocer cómo funciona nuestra mente, a darnos cuenta de cuándo se aleja del presente y a traerla de vuelta, con suavidad, comprendiéndola y aceptándola tal y como es. Así que, cada vez que se vaya detrás de lo que sea, tráela de vuelta amablemente y sigue observando tu respiración.

¿Qué hago si, mientras que estoy haciendo el ejercicio, me pica en algún sitio, me duele algo o me agobio?

Vuelve a leer la instrucción básica y síguela. La respiración puede ser tu refugio, tu hogar, un ancla o un puerto seguro en momentos en que te sientas perdido o agitado. Y esta es una de las cosas que conseguimos con la práctica de la atención a la respiración, familiarizarnos con ese lugar seguro, conociendo el camino de vuelta a casa, para cuando lo necesitemos. Así que, aparezca lo que aparezca, te das cuenta de que eso está ahí (un picor, impaciencia, pensamientos...) y vuelves a la respiración. Más adelante veremos otras posibilidades para relacionarnos con lo que surja de repente; ahora, en este ejercicio, vuelve una y otra vez. Si ves que lo que aparece te arrastra y que realmente necesitas hacer algo, como rascarte o incluso levantarte y acabar la práctica antes de tiempo, no lo hagas de modo automático. Es muy importante que lo hagas tomando conscientemente la decisión, con tranquilidad, sin regañarte y observando al milímetro todos los movimientos que realizas.

Todo lo que practiques sentado en la silla o en el cojín te servirá luego cuando estés en tu día a día. Este es el sentido verdadero de sentarse a meditar, sacar fuera del cojín lo que se practica en él. De manera que, cuando te suceda algo que te desestabilice y te altere, si has practicado lo suficiente, podrás recurrir a tu respiración para recuperar tu equilibrio y que las olas de tu tempestad interior no te revuelquen ni te arrastren.

¿Puedes darme algún truquillo para no distraerme tanto?

Hay quien sugiere que, para ayudar a mantener la concentración en la respiración, podemos contar las respiraciones, repetir frases al inspirar o exhalar o cualquier otra receta similar. En mi opinión, es mejor que no hagas nada especial, solo seguir la instrucción básica. No queremos hacer ningún esfuerzo extra para mantener la mente en un sitio concreto. Tan importante es estar en la respiración como darte cuenta de que te has alejado de ahí y volver. Así que, olvídate de consejos que aumenten tu eficiencia meditadora y dedícate a «ser». La atención que observa y siente los efectos del aire al entrar y salir del cuerpo es suave, es una atención que se deja mecer por la inspiración y la exhalación como si estuviera flotando plácidamente sobre las olas del mar. No se trata de estar tenso ni vigilando como un policía para que tu mente no se vaya a ningún sitio. Si se va, no pasa nada; tráela de regreso y sigue donde estabas.

Si, no obstante, sigues prefiriendo algún truquillo... aquí tienes un par de ellos:

• Contar respiraciones: inhalas y al exhalar cuentas «uno»; inhalas y al exhalar cuentas «dos»... y así hasta diez. Cuando llegas a diez o te pierdes, vuelves a empezar por uno.

• Etiquetar: al inhalar te dices «inhalando» y al exhalar te dices «exhalando».

PRÁCTICA 1: ATENCIÓN AL CUERPO Y A LAS SENSACIONES

Antes de comenzar, repasa las instrucciones sobre la postura, el lugar y el tiempo de las sesiones, en las páginas 59-63.

Atención al cuerpo: Instrucciones

Encuentra un lugar en tu cuerpo donde puedas notar las sensaciones que produce el aire al entrar y salir. Centra tu atención ahí, siente tu respiración. Si en algún momento algo te distrae, en cuanto te des cuenta, vuelve a llevar tu atención, con suavidad y determinación, al lugar donde estaba y continúa sintiendo tu respiración.

Poco a poco, ve abriendo tu atención hasta abarcar todo tu cuerpo. Date cuenta de cuál es tu postura, del lugar que ocupas. Siente las partes de tu cuerpo que están en contacto con el suelo o la silla. Nota cómo está tu cuerpo en este momento, si está tenso, relajado, si pesa o lo sientes ligero. Toma nota de otras sensaciones, como picores, tensiones, hormigueos, etc. Permanece ahí, en contacto con tu cuerpo y tu respiración hasta que termine la sesión.

Preguntas frecuentes

A veces empieza a dolerme mucho la espalda o empiezo a agobiarme sin saber bien por qué y me dan muchísimas ganas de moverme o de levantarme, ¿qué hago?

En el ejercicio anterior, el de atención a la respiración, comenté que, si aparecía un picor o cualquier cosa que nos distrajera, lo que debíamos hacer era sencillamente volver a prestar atención a la respiración y seguir con la práctica sin darle más importancia a eso que nos había distraído.

En las prácticas que voy a explicar a continuación, en las que ya no se trata solo de concentrarnos y de calmar la mente sino de abrir el foco de la atención para observar otros fenómenos, como los sonidos, los pensamientos o las sensaciones corporales, podemos relacionarnos de otro modo con lo que nos distrae y ocupa nuestra atención. Voy a darte una norma fácil para que sepas qué hacer cuando, en medio de la práctica, aparece algo como un dolor o muchas ganas de moverte. Imagina que estás haciendo un ejercicio de atención a los sonidos y de pronto aparece esa sensación tan molesta. Ante eso que aparece de pronto, puedes hacer tres cosas:

- Puedes llevar la atención a tu respiración o a una zona de tu cuerpo más tranquila (como las plantas de los pies o tus manos) y dejar esa sensación molesta en un segundo plano.
- Puedes explorar la sensación, conocerla, entrar en ella. Se trata de ver cómo es, dónde surge, si tiene límites, si cambia, si tiene temperatura, si vibra, cómo está la zona alrededor de ella, etc. Si es un sentimiento, como aburrimiento o impaciencia, también puedes explorarlo, sentirlo y ver cómo se manifiesta en tu cuerpo o qué pensamientos vienen junto con ese sentimiento.
- Por último, puedes decidir moverte o incluso interrumpir la práctica. Si resuelves hacer esto, es importante que lo lleves a cabo en tres pasos, dándote cuenta de:
  - tu intención de cambiar de postura o de levantarte;
  - los movimientos que realizas para ello;
  - cómo va cambiando la sensación a medida que te vas moviendo.

Recuerda que, al practicar mindfulness, cultivamos el estar en el presente, prestando atención a lo que sucede sin reaccionar ni rechazarlo, sino dándole espacio, viviéndolo con plenitud. Al realizar con las sensaciones el trabajo que acabamos de explicar, estamos desarrollando justamente esa capacidad de estar con lo que hay. Por eso resulta decisivo no reaccionar a la primera de cambio ante algo que aparece y empieza a molestarnos. Tampoco se trata de hacernos los valientes y sufrir sin necesidad o aguantar más allá de nuestro límite. Se trata de ir valorando y combinando los pasos que he propuesto. No se suceden uno detrás de otro ni se excluyen entre sí. Se trata de diferentes modos de afrontar lo que aparece, y tú decides cómo usarlos y cuándo: ahora observo la sensación, ahora respiro, ahora me muevo un poco... vuelvo a respirar... y así. Voy a darte una recomendación: si lo que aparece es tan desagradable para ti que no quieres explorarlo ni soportarlo un segundo, antes de moverte, respira una sola vez, haz una pequeña pausa. Es importante ir creando espacio entre lo que aparece y nuestra reacción a ello.

PRÁCTICA 2: ATENCIÓN A LOS SONIDOS

Antes de comenzar, repasa las instrucciones acerca de la postura, el lugar y el tiempo de las sesiones, en las páginas 59-63.

Atención a los sonidos: Instrucciones

Encuentra un lugar en tu cuerpo donde puedas notar las sensaciones que produce el aire al entrar y salir. Pon tu atención ahí, siente tu respiración. Si en algún momento algo te distrae, en cuanto te des cuenta, vuelve a llevar tu atención, con suavidad y determinación, al lugar donde estaba y continúa sintiendo tu respiración.

Ve abriendo el foco de tu atención para darte cuenta de lo que puedes oír en este momento. ¿Qué sonidos llegan a tus oídos? Mira si puedes percibir el sonido de tu respiración o algún otro procedente del interior de tu cuerpo. Observa también si oyes algún sonido en el lugar donde estás meditando, en la habitación o en la casa. Toma conciencia de los estímulos auditivos que llegan del exterior como el ruido del tráfico, de la gente, de la lluvia, etc. Pon la atención en los sonidos y deja todo lo demás en un segundo plano.

Date cuenta de si los sonidos vienen de un lugar cercano o lejano, si son continuos o intermitentes. Observa cómo surgen, se desarrollan y desaparecen. Percibe su intensidad, sus cambios, sus matices. No importa si te gustan o te molestan, no hay que ponerles ninguna etiqueta, solo permitir que lleguen a tus oídos y observarlos mientras están ahí, en el campo de tu conciencia.

Puedes prestar atención también al silencio, a los espacios en blanco entre unos sonidos y otros.

Práctica 3: Atención a pensamientos y emociones

Antes de comenzar, repasa las instrucciones acerca de la postura, el lugar y el tiempo de las sesiones, en las páginas 59-63.

Atención a los pensamientos y emociones: Instrucciones

Encuentra un lugar en tu cuerpo donde puedas notar las sensaciones que produce el aire al entrar y salir. Pon tu atención ahí, siente tu respiración. Si en algún momento algo te distrae, en cuanto te des cuenta, vuelve a llevar tu atención, con suavidad y determinación, al lugar donde estaba y continúa sintiendo tu respiración.

Lleva ahora tu atención a lo que está pasando en tu cabeza. ¿Puedes darte cuenta de cómo está tu mente en este momento? ¿Está relajada, acelerada? ¿Tienes muchos pensamientos o pocos, van deprisa o despacio? Toma conciencia de todo esto. Intenta captar en qué estás pensando en concreto. Puede que eso en lo que estás pensando aparezca en forma de imágenes o de palabras. Podría tratarse de algún pensamiento acerca de algo que te preocupa especialmente y a lo que llevas dando vueltas cierto tiempo, o pueden ser palabras sueltas sin mucho sentido o valor para ti. También puede manifestarse como planes, recuerdos, conversaciones con otras personas, etc.

Trata de seguir a tus pensamientos desde que aparecen en el campo de tu atención hasta que se marchan, observando su recorrido, como si los estuvieras viendo proyectados en una pantalla de cine. También puedes observar los espacios entre unos pensamientos y otros, ese silencio donde tienen lugar.

A veces, un pensamiento puede venir acompañado de una emoción, como enfado, miedo o tristeza. Si esto sucede, observa también esa emoción que ha aparecido. Sobre todo, date cuenta de cómo se refleja en tu cuerpo y cuál es su evolución (si va cambiando o si desaparece).

¡Esto es muy difícil! No puedo estar más de un segundo observando mis pensamientos. Es como si me enredara en ellos, me pongo a pensar y no puedo ver nada. ¿Qué hago?

Practicar mucho. Ese segundo en el que consigues darte cuenta de en qué estás pensando es suficiente para empezar. Ya se irá ampliando a medida que vayas practicando este ejercicio.

En relación con esta cuestión voy a explicar ahora algo que me parece de vital importancia. Los seres humanos tenemos la capacidad de pensar y de observar eso que pensamos. Son dos actividades diferentes. El estado normal para la mayoría de la gente es aquel en que el pensar es la actividad principal y toda la mente está ocupada en eso. Seguro que conoces este estado. Ya hemos hablado varias veces de él anteriormente. Es esa «mente de mono» en continuo funcionamiento, que salta de una idea a otra sin parar.

Con la práctica de mindfulness conseguimos abrir espacios en ese hilo de pensamientos que no tiene fin, que nos agota y nos separa de la realidad de cada momento, llevándonos muy lejos. Cada vez que prestamos atención a la respiración, a las sensaciones de nuestro cuerpo o a algo de lo que está pasando en el momento presente, detenemos esa «lavadora mental» (que en algunos casos llega a ser centrifugadora). Basta con que ocurra solo un instante. Ese instante se irá ampliando cada vez más a medida que practiques. Y en esos momentos en los que conseguimos «parar» encontraremos la fuente de nuestra paz y nuestro bienestar. Es cuando cuerpo y mente se unen y se sitúan en el presente, en el aquí y en el ahora.

Además de este problema de la mente que no se detiene, con los pensamientos sucede algo más: nos los creemos a pies juntillas. Si pienso que meditar es muy difícil, probablemente termine por creérmelo. Y esto, no sabemos en qué medida, seguramente afectará a mi práctica, convirtiéndola en una tarea más ardua y dificultosa. Lo que me confirmará la idea que ya tenía y hará que me la crea aún más. Ya sabemos cómo sigue esta historia. Por si fuera poco, es posible que vayan apareciendo emociones, asociadas a este pensamiento o a las dificultades que encuentro en la práctica, que irán agravando la situación.

Existe una solución «fácil y rápida» para este problema. Se trata de, en vez de pensar que meditar es difícil, cambiar el pensamiento y pensar que es fácil. O seguir pensando que es difícil, pero creer que con tu constancia y tu valor vas a poder con eso. Si este método te funciona, adelante. No obstante, no es el que te propongo. Entre otros motivos, porque a mí no me funciona. Lo utilicé y, en mi caso, resultó ser «pan para hoy y hambre para mañana».

Cuando empecé a practicar mindfulness, encontré un método, quizá más complicado y costoso al principio, pero más adecuado para mí: aprender a observar mis pensamientos y a darme cuenta de que yo no soy mis pensamientos, de que no siempre son verdad y de que no tengo por qué seguirlos ni obedecer aquello que me dicen. Y desde luego que gané en tranquilidad y en libertad. Empecé a decidir qué es lo que yo quiero hacer en cada situación, independientemente de lo que mis pensamientos me dicten.

Tal vez todo esto te suene un poco raro. Volveremos a tratarlo más adelante, en la última parte del libro. De todos modos, no te explico ni te propongo estos métodos para que estés de acuerdo conmigo. Se trata tan solo de una propuesta, es decir, de algo que puedes probar para ver si a ti te funciona o no. En el ejemplo concreto de antes, si practico mindfulness, me daré cuenta de que llega a mi mente un pensamiento: «la meditación es difícil». Sin darle más peso, analizarlo o pretender cambiarlo, haré mi práctica de meditación sin dejarme llevar por eso que dice mi mente. Lo que no impedirá que, si quiero, me preocupe de buscar alguna manera de facilitarme la sesión de meditación. Ahora bien, si no encuentro cómo hacerlo más sencillo, me sentaré de todas formas a meditar, si esa era mi intención, dejando a un lado mis pensamientos sobre la dificultad del asunto.

Para poder desarrollar esta parte de ti que es capaz de observar los pensamientos y de actuar como quiere «a pesar de ellos», te ayudarán todas las prácticas que te propongo, formales e informales y, en especial, la de «observar pensamientos y emociones», aunque te parezca muy difícil y consigas hacerlo solo durante un segundo.

Práctica 4: Atención abierta

Antes de comenzar, repasa las instrucciones acerca de la postura, el lugar y el tiempo de las sesiones, en las páginas 59-63.

Atención abierta: Instrucciones

Encuentra un lugar en tu cuerpo donde puedas notar las sensaciones que produce el aire al entrar y salir. Centra tu atención ahí, siente tu respiración. Si en algún momento algo te distrae, en cuanto te des cuenta, vuelve a llevar tu atención, con suavidad y determinación, al lugar donde estaba y continúa sintiendo tu respiración.

Ve abriendo el foco de tu atención para abarcar todo lo que ocurre a tu alrededor. Observa los sonidos, las sensaciones en tu cuerpo, tu respiración, tus pensamientos y tus emociones. Presta atención a todo lo que va llegando al campo de tu conciencia, sin elegir nada en concreto.

> Permanece ahí, como un testigo silencioso de lo que está ocurriendo en cada momento, un testigo del momento presente.

PRÁCTICAS COMPLEMENTARIAS

Aparte de las prácticas anteriores, que son las que incluyo en el programa de entrenamiento del siguiente capítulo, voy a presentarte algunas otras que puedes realizar en cualquier momento.

Exploración corporal

Esta práctica suele realizarse tumbado boca arriba sobre una esterilla de las que se usan para hacer yoga, una alfombra, una manta doblada o algo similar. Las piernas se dejan extendidas y ligeramente separadas; los brazos estirados a los lados del cuerpo sin tocarse con él; las palmas de las manos hacia arriba y los ojos cerrados. Si esta postura no te resulta cómoda o te quedas dormido con mucha facilidad, puedes hacerla sentado e incluso de pie.

La práctica consiste en ir recorriendo ordenadamente las diferentes partes del cuerpo al tiempo que observas las sensaciones que vayas encontrando. Como si la atención fuera una linterna e iluminara cada zona.

Exploración corporal: Instrucciones

Antes de comenzar la exploración, permanece unos minutos con la atención centrada en tu abdomen y siente cómo este se hincha al inhalar y desciende al exhalar. Si quieres, para localizar más fácilmente las sensaciones, puedes poner las manos encima de tu barriga, hasta que empieces la exploración. No tienes que cambiar tu respiración, solo observarla tal y como es en cada momento.

Mueve tu atención desde tu abdomen hacia la cadera izquierda y, desde ahí, ve bajando por la pierna hasta llegar al talón del pie izquierdo. Explora qué sientes en esa zona (el contacto de una parte del talón con el suelo o la esterilla, del resto de esa zona con el aire o la ropa, etc.). A continuación, ve desplazando tu atención por la planta del pie en dirección a los dedos, luego recorre el empeine hasta llegar a los tobillos. Intenta tomar conciencia de las sensaciones que hay en cada zona por la que vas pasando: hormigueos, picores, frío, calor, humedad, punzadas, etc. Después del tobillo, recorre la pantorrilla, la rodilla y el muslo. Y sigue así hasta haber transitado todo el cuerpo: la pierna derecha igual que la izquierda, la pelvis, toda la espalda, la zona del abdomen, el pecho, los hombros y los brazos (primero uno y luego el otro). El cuello, la mandíbula, la boca, la nariz, los ojos, el entrecejo, la frente, las sienes, los pómulos, las mejillas, las orejas y el pelo.

Explora, siente cada zona que recorras por la superficie y por el interior, donde están los músculos, los huesos y todos los órganos.

Cuando acabes el recorrido presta atención a la sensación global de tu cuerpo y permanece así unos instantes, sintiendo tu cuerpo como un todo.

Hay partes en las que no noto ninguna sensación, a veces ni siquiera siento zonas enteras, como la pierna o todo el pecho.

No pasa nada, cuando no detectamos ninguna sensación, en realidad nos estamos dando cuenta también de esto. A veces, aparecen de pronto. Si no, seguimos con nuestro recorrido. No es mejor tener sensaciones que no tenerlas, lo importante es ir observando sistemáticamente todas las zonas. Como si fuéramos exploradores o científicos recorriendo un territorio y anotando lo que vamos encontrando. Tampoco necesitamos mover las manos o los pies para provocar ninguna sensación, tan solo mantendremos la postura del principio; lo que se va moviendo es nuestra atención. Si aparece alguna sensación que te molesta mucho o que te impide seguir con el recorrido, haz lo que comenté en la práctica 1, «atención al cuerpo», acerca de esto mismo.

Si quieres, una vez que hayas recorrido una zona completa, como un pie, una pierna, un brazo, el tronco o la cabeza, puedes respirar y dirigir la respiración hacia esa zona. Al inspirar, dejas que el aire vaya desde tu nariz hacia allí y al exhalar, notas cómo el aire vuelve desde la zona a tu nariz y sale por ella. Con cada inspiración estás enviando oxígeno y frescor a cada célula, a cada rincón y, al exhalar, se van retirando toxinas y tensiones. Intenta prestar atención a lo que sientes en cada zona al inhalar o exhalar sobre ella. Al final, cuando estés observando todo tu cuerpo, puedes respirar sobre él o incluso sentir cómo todo él respira, como si fuera un enorme pulmón. Al hacer esto te estás haciendo un gran regalo en forma de salud y bienestar.

Me cuesta seguir el orden de las partes del cuerpo con tanto detalle cuando estoy haciendo el ejercicio.

En lugar de ir del talón, a la planta del pie, los dedos, el empeine... y todas las partes que describo en la explicación del ejercicio, puedes hacer la exploración por áreas más grandes. Puedes, por ejemplo, observar toda la pierna izquierda, empezando por el pie y yendo en dirección a la cadera; luego seguir por la pierna derecha, después la pelvis y las caderas, la espalda, la parte de delante del tronco, los brazos, el cuello y la cabeza. Conviene que lo hagas en orden y no dando saltos de unas partes a otras, como de una pierna a la cabeza y luego a la otra pierna.

No consigo acabar este ejercicio, me duermo.

Suele pasar... Sobre todo si lo haces tumbado en la cama, bien tapadito, antes de dormir. O recién levantado, también ahí, en la cama. Conviene tumbarse en un lugar que no sea demasiado confortable y a una hora en la que estemos bien despiertos. Si, aun así, el sueño nos vence podemos dejar los ojos abiertos o incluso cambiar de postura y hacerlo sentados. Podemos, estando tumbados, dejar el antebrazo en posición vertical, con el codo doblado y formando un ángulo recto con la parte del brazo en contacto con el suelo. De ese modo, cuando nos estemos quedando dormidos, el antebrazo se cae y nos despierta. Si, probando todo esto, seguimos quedándonos dormidos, quizá lo que necesitamos sea dormir.

Esta práctica está recomendada para combatir el insomnio. Ahora bien, es importante que sepamos que dormir y meditar son cosas diferentes. Por eso, si te echas una siestecita mientras haces la exploración, esa sesión no cuenta.

Me encanta lo que se cuenta sobre el discípulo que se quejaba a su maestro de que siempre le vencía el sueño durante la meditación. El maestro le dijo que se sentara a meditar en el borde de un pozo. Y así fue como el discípulo dejó de quedarse dormido...

Meditación caminando

Este es un ejercicio de meditación en el que la atención se pone en las plantas de los pies y en las sensaciones y movimientos que produce el cuerpo al caminar. Se realiza de pie, en un lugar tranquilo en el que puedas andar dos o tres metros (incluso menos, basta con el largo de una esterilla de yoga). Si te va bien, quítate los zapatos.

Meditación caminando: Instrucciones

Antes de comenzar, observa tu postura de pie y ajústala de modo que resulte una posición estable y que tu espalda esté bien erguida y sin tensión. Los pies han de estar paralelos, bien plantados en el suelo y separados a la misma distancia que la anchura de las caderas. Coloca la pelvis en posición neutra, como si te hubieran llenado de arena los bolsillos traseros del pantalón. Relaja el abdomen, los hombros y la cara; mantén el pecho bien abierto. Deja los brazos estirados y relajados a lo largo del cuerpo. Dirige tu atención a la respiración y permanece así unos minutos, en contacto con tu cuerpo y con el aire que entra y sale de él. Mantén los ojos abiertos y mira al frente.

Lleva el peso de tu cuerpo al lado izquierdo y comienza a levantar tu pie derecho muy despacio, siempre atento a las sensaciones que se van produciendo al ir despegándolo del suelo. Sin alzar aún el pie izquierdo, ve posando el pie derecho en el suelo, comenzando por el talón y dejando caer poco a poco la planta del pie. Cuando el pie derecho haya bajado por completo, echa el peso de tu cuerpo en ese lado, siéntelo y comienza ahora a desplazar el pie izquierdo, igual que lo hiciste con el derecho. Ve avanzando así, con la atención puesta en las plantas de los pies. Cuando hayas recorrido unos metros, date la vuelta.

Si quieres, puedes acompasar tu respiración con el movimiento, inspirando al levantar el pie y exhalando al bajarlo.

Me he puesto a practicar esta meditación en una placita que hay cerca de mi casa y la gente me miraba como si estuviera loco. Parecía un zombi recién salido de la tumba.

Suerte que has escapado con vida de allí... Esta meditación puede resultar extraña vista desde fuera, así que es mejor que la realices en tu casa. No hace falta mucho espacio, pues el movimiento es bastante lento. La velocidad tiene que ser lo suficientemente sosegada como para que puedas percibir todas las sensaciones en las plantas de los pies, pero no tanto como para que pierdas el equilibrio. También es importante que vayas revisando tu postura de vez en cuando, pues tendemos a ir bajando la cabeza y a encogernos para mirar a los pies.

Si quieres practicarla en la calle puedes aumentar la velocidad de modo que andes despacio pero a un ritmo normal. En ese caso trata de ampliar tu atención al movimiento de las piernas, a tus caderas, a la respiración y a tu cuerpo en general.

En cuanto hayas adquirido la destreza suficiente en este ejercicio, puedes meditar cada vez que vayas andando por la calle si, en lugar de ir perdido en tus pensamientos, consigues estar atento a tu cuerpo, a tus pasos y a todo lo que vayas encontrando en tu camino (olores, brisa, colores, sonidos, etc.). Si te ayuda, puedes contar los pasos que das con cada inhalación y con cada exhalación. Caminar así te despejará y te aportará calma. Además, sin darte cuenta, estarás contribuyendo a un mundo mejor.

Thich Nhat Hanh es un monje vietnamita experto en mindfulness. Su libro *El largo camino lleva a la alegría* está dedicado a la práctica de meditar caminando. Dice allí que por lo general caminamos ansiosos, preocupados y con prisa. Nos invita a «besar la tierra» cada vez que caminamos y a andar consciente y dulcemente, transmitiendo, de ese modo, paz y cariño al mundo, en lugar de apremio y preocupación.

Programa de entrenamiento en ocho semanas

Voy a exponerte un **programa de práctica** para que puedas combinar los diferentes ejercicios que te propongo:

Guarda este libro en un estante bien alto. Siéntate cada día durante quince minutos por la mañana y quince por la tarde y realiza la Práctica 1, «atención a la respiración», siguiendo las instrucciones que te he facilitado, incluidas las relativas al lugar y a la postura. Cuando hayan transcurrido dos meses, vuelve a abrir este libro y lee el resto de las prácticas. Elige una de ellas y añádela a tu rutina diaria de atención a la respiración.

Si tu «modo hacer» no te permite esperar dos meses hasta dar el siguiente paso ni dejar de leer este libro, te propongo este otro **programa, en ocho semanas**.

• Semana 1: Práctica básica, atención a la respiración. 5 minutos al día.

- Semana 2: Práctica básica, atención a la respiración. 10 minutos al día.
- Semana 3: Práctica básica + Práctica 1 (atención al cuerpo y sensaciones). 10 minutos al día.
- Semana 4: Práctica básica + Práctica 1 (atención al cuerpo y sensaciones). 15 minutos al día.
- Semana 5: Práctica básica + Práctica 2 (atención a los sonidos). 15 minutos al día.
- Semana 6: Práctica básica + Práctica 3 (atención a los pensamientos y emociones). 15 minutos al día.
- Semana 7: Práctica básica + Práctica 4 (atención abierta). 15 minutos al día.
- Semana 8: Práctica básica + la práctica que tu elijas. 20 minutos al día.

Puede que no te resulte fácil seguir este programa, pero te animo a que lo intentes. Recuerda cuál fue la intención que te llevó a comprar y leer este libro y decide actuar en dirección de esa intención. Existen muchos estudios científicos que demuestran cómo, después de ocho semanas de práctica de la atención plena, se producen cambios en la fisiología cerebral. Aumentan la actividad y las conexiones en zonas relacionadas con las emociones positivas, la regulación emocional, la empatía y la estabilidad. Si dedicas cada día unos quince minutos a realizar los ejercicios que te propongo, con suma probabilidad lo notarás. Después de las ocho semanas, puedes seguir con la práctica que prefieras. Te será más fácil y agradable mantener el ritmo si te reúnes de vez en cuando con gente que practique atención plena en grupo.

Es posible que te surja una duda bastante frecuente: ¿Qué pasa si algún día no cumplo con el tiempo que se indica o, incluso, si no hago la práctica? Yo te recomiendo que trates de seguir y respetar el programa que te propongo. Si un día, en vez de los quince minutos establecidos, haces diez, no pasa nada. Tampoco pasa nada grave si un día te saltas la rutina. Tomar conciencia de todo lo que aparece en tu mente cuando te cuesta cumplir con el tiempo establecido o no tienes ganas de sentarte a practicar te ayudará a conocerte mejor. Recuerdo que el maestro de meditación Fernando Rodríguez Bornaetxea, en un retiro, nos dijo algo que me sirvió muchísimo. Dijo que en la práctica de mindfulness se trata de ir «sin forzar pero sin parar». Esto es clave, no se trata de realizar esfuerzos que conviertan la práctica en algo desagradable o en un foco más de estrés. Pero también es cierto que conviene ir avanzando y superando pequeños retos, retos a tu medida, cada vez. No existe un plan estándar de práctica que sea perfecto para todos. Tendrás que ir diseñándolo tú mismo. No dudes en darte permiso para saltarte las normas, pero si sueles darte demasiados permisos en tu día a día, quizá entonces te convenga ser más estricto con los tiempos y la práctica diaria. De todos modos, el programa que propongo es una base, su carácter es orientativo, y no funcionará de la misma manera para todo el mundo. Puedes ir probando y explorando cómo te sienta, según tu experiencia, cambiando los tiempos y la planificación cada vez que lo necesites. Se trata de que tú mismo encuentres el ritmo, el equilibrio entre el esfuerzo y la comodidad y lo que mejor se adapta a tu persona.

Elige un momento del día en el que dedicarás un tiempo a realizar los ejercicios. Puede ser cuando te levantes, antes de comer, por la tarde... cuando prefieras, siempre que estés bien despierto. Repasa las instrucciones relativas al lugar y la postura, del epígrafe «Antes de comenzar» en la página 59, programa el tiempo que vayas a dedicar y comienza. A partir de la tercera semana, verás que te propongo dos prácticas juntas, la básica y otra más. No tienes que programar dos alarmas diferentes. Establece el tiempo total desde el principio y empieza siempre por la práctica básica, la atención a la respiración. Una vez que sientas cierta estabilidad en tu mente, puedes ir abriendo el foco de la atención para observar lo que toque esa semana (sensaciones, sonidos, etc.). Si algún día te das cuenta de que tu mente está más agitada o que tienes muchos pensamientos que van demasiado rápido, dedica toda la meditación a la práctica básica y deja lo demás para el día siguiente.

La intención de este programa es que hagas una «degustación» de diferentes objetos de meditación, los diferentes «lugares» que puedes enfocar con tu linterna mental (sensaciones corporales, sonidos, etc.), para que los identifiques y los experimentes. En realidad, en vez de «primera semana, segunda semana...», podría haber escrito «primer año, segundo año...». Mucha gente se pasa años, o incluso toda la vida, practicando solo atención a la respiración; aunque yo no lo recomiendo, pues es importante prestar atención también a todo lo demás. Pero sí te aconsejo que te lo tomes con calma, que no te obsesiones con conseguir un resultado concreto ni te propongas llegar a ningún lugar. Experimenta, ve probando y establece tú mismo tu propio ritmo y el contenido de tus sesiones.

Si fuera posible, antes de que leyeras lo que sigue a continuación, encendería luces, sirenas, carteles y flechas con bombillas intermitentes que señalaran la palabra IMPORTANTE. Porque hay muchas ideas preconcebidas que realmente obstaculizan la práctica de la atención plena y, en consecuencia, el camino hacia la felicidad. Y una de las más frecuentes es la de que existe una sesión de meditación perfecta o correcta (y, por lo tanto, muchas incorrectas). Pero lo cierto es que (aquí irían las luces y sirenas): **no hay buenas ni malas sesiones de meditación**. Si me dieran un euro cada vez que escucho decir a mis alumnos «ayer no me salió bien la meditación», «yo no puedo meditar, me distraigo mucho», «no consigo meditar, mi mente está todo el rato en funcionamiento, de acá para allá», «qué bien me ha salido la meditación esta mañana», etc., a estas alturas sería millonaria. Cuando te dispongas a meditar, abandona la idea de cualquier resultado que te hayas propuesto conseguir. Siéntate a estar ahí con lo que pase en cada momento. Mucha gente cree que meditar es establecer una especie de lucha con la mente para conseguir controlarla o dejarla en blanco. Y, o se ponen a luchar, o abandonan la idea de meditar (o ambas cosas, una después de la otra). Ese combate, muchas veces inconsciente, desarrolla mucha tensión y revuelve la mente todavía más. No hay que pelearse con nada ni llegar a ningún lugar en concreto. Recuerda que el momento de sentarte a meditar no es un tiempo para «hacer», sino para «ser». Probablemente se trata del único momento que le dediques durante el día, el único en que puedas disfrutar del lujo de no tener nada que resolver, ningún objetivo que cumplir. Así que da igual que te distraigas y tengas que regresar a tu respiración o a lo que estuvieras observando, una o un millón de veces. Las distracciones no sirven para evaluar tu sesión. Hay días en que mi mente no para y en los que apenas consigo permanecer unos segundos en mi respiración. Te confieso que, a pesar de tenerlo claro, esos días, a veces, siento frustración, pienso que no avanzo, que no lo estoy haciendo bien... Y tengo que recordarme a mí misma que no existen buenas ni malas sesiones y seguir practicando el aceptar lo que hay y el volver con cariño y determinación cada vez que me distraigo.

Sin embargo, quiero hacer una puntualización: todo esto tiene sentido si durante la sesión estás bien despierto. Si, por el contrario, resulta que estás echando una siestecita, es decir, dormitando tranquilamente, entonces ni siquiera hablaremos de una mala sesión, sino de que no se trata de una sesión de meditación. Quiero recordar aquí lo que nos explicó Carmen Cuesta, una excelente maestra de meditación, en un retiro. Nos dijo que si, durante la sesión estás dormitando, lo que estás haciendo entonces no es meditar, sino «amasar boñiga». La misma Carmen nos dijo, en otra ocasión, algo que me ayudó mucho a olvidarme de evaluar mis sesiones: «Hay que meditar a fondo perdido». Conviene practicar sin pretender obtener nada concreto en un momento determinado: simplemente confiando. No obstante, no se trata de fiarte a ciegas de un poder superior, sino de confiar en ti, en el hecho de que atesoras dentro de ti todos los recursos para sentirte bien, y en que poco a poco van a ir saliendo.

Sería estupendo que, cada vez que te sientes a meditar, lo hicieras como si fuera la primera vez. Como si no supieras nada, como si no esperaras nada en absoluto. Esta actitud se conoce como «mente de principiante» y resulta esencial para vivir con plenitud y ser feliz.

Parte 3

Mindfulness en el día a día: cómo convertir cualquier experiencia cotidiana en una práctica de meditación

Hay dos maneras de fregar los platos. Una es fregar los platos para que estén limpios y otra es fregar los platos para fregar los platos.

THICH NHAT HANH

La práctica informal

Para practicar mindfulness no es necesario que te sientes en un cojín y que cruces las piernas en postura de loto. Se puede meditar en todas las posturas, sentado, acostado, de pie y en movimiento. Así que es posible practicar a la vez que haces cualquiera de tus actividades cotidianas. Esto no te requerirá ningún tiempo extra, basta con que prestes atención a lo que estás haciendo y que no te dediques a viajar lejos con la mente, dejándote llevar por tus pensamientos. Tampoco pasa nada si te distraes, en cuanto te des cuenta, vuelves a centrar tu atención en lo que estés haciendo y ya está.

En realidad, meditar sentado no sirve de nada si cuando acabas la sesión te olvidas de todo lo practicado hasta la próxima vez que te dispongas a hacerlo, aunque te pases horas en el cojín. Bhante H. Gunaratama en *El libro del mindfulness* dice que «el momento más importante de la meditación es aquel en que te levantas del cojín». Ahí está la clave, en el hecho de si después de meditar te limitas a enchufar el piloto automático y olvidarlo todo o si, por el contrario, decides seguir prestando atención a lo que pasa en tu vida. He conocido a muchas personas que solo pueden meditar cuando están en completo silencio y que se alteran e interrumpen la práctica al menor contratiempo. Todos tenemos la imagen de una persona meditando en medio de un paisaje idílico, entre montañas y prados de fresca hierba. La práctica de mindfulness no va en esa dirección. Aunque a veces se puede disfrutar meditando en medio de un ambiente de completa quietud, la atención plena nos prepara para que seamos capaces de hacerlo en medio de las tormentas de nuestra vida cotidiana. Se trata de mantenernos estables y presentes en el movimiento y de ser capaces de vivir con plenitud cada momento, sea lo que sea que esté sucediendo en él. Todas las prácticas van en esta dirección; este es el punto en el que confluyen la práctica formal y la informal: si la meditación no te ayuda a estar más sereno y a gestionar mejor tus conflictos cotidianos significa que no está funcionando.

Cuando era pequeña, mi padre me decía a menudo: «Recuerda: *age quod agis*». Me explicaba que era una frase de san Ignacio de Loyola y que significa algo así como «haz lo que estés haciendo». Muchos años más tarde, cuando comencé con la práctica de la atención plena, comprendí exactamente lo que significaba y el gran valor que tenía esa cita que tantas veces escuché en mi niñez y que siempre traté de seguir, con mucha dificultad y poco éxito. De esto trata la práctica informal de mindfulness: de estar en cuerpo y alma en lo que estás haciendo en cada momento, como si eso fuera lo más importante, lo único que existe en ese instante. No estamos acostumbrados a actuar así. Solemos estar casi siempre en varias cosas a la vez y, cuando nos dedicamos a una sola, si no nos resulta demasiado complicada, la ejecutamos de manera mecánica, con poco cariño, como si fuéramos autómatas. A menudo dejamos que la mente se aleje del lugar en el que estamos y que vuele a su antojo y salte de unos pensamientos a otros. Ya hablamos en la primera parte de este libro de las consecuencias del estado de desconexión mente-cuerpo. Podemos remediarlo prestando atención a cada cosa que hacemos, como si se tratara de algo único y especial. Actuar de esa manera significa de verdad vivir en el presente y en ello radica, posiblemente, la clave de la felicidad.

La felicidad a la que nos va acercando la práctica de la atención plena no depende del exterior, de que experimentes más o menos acontecimientos agradables. No depende de que te toque la lotería o de que encuentres a tu pareja ideal. Es estable, es algo que tú ya posees y que puedes ir descubriendo poco a poco. Se trata de una felicidad que se basa en la confianza en ti mismo; es suave y calmada y procede de tu interior. En realidad es el estado natural de tu mente y de tu ser, una vez que has aprendido cómo calmarlos y acceder a la riqueza que atesoran. Encontrarás la puerta de acceso a este inmenso patrimonio en ese presente que puedes saborear y disfrutar si «haces lo que estés haciendo» en cada momento.

Si tuviera que elaborar una clasificación de las frases que escucho con más frecuencia entre los participantes de mis cursos, la que ocuparía el primer puesto sería: «qué difícil es esto». Es curioso que algo tan sencillo como prestar atención resulte para la mayoría de la gente tan duro y difícil de conseguir.

Puedes hacer ahora mismo una prueba rápida: deja de leer, dirige tu atención a las plantas de tus pies y observa qué sensaciones tienes ahí (hormigueo, la sensación de contacto con el suelo, el roce con los calcetines o los zapatos, etc.). Date cuenta de cuánto tiempo permaneces atento a esa zona de tu cuerpo. Antes de que pasen unos cuantos segundos es muy probable que hayas dejado de prestar atención y te encuentres enredado en algún pensamiento. Esto es lo que suele ocurrir cuando decidimos prestar atención a lo que tenemos entre manos. Recuerda que nuestro cerebro es bastante primitivo y que ha evolucionado poco desde que vivíamos en las cavernas. Lo que consideramos «neutro» no resulta relevante para nuestra supervivencia. La mente del hombre que camina por una selva repleta de amenazas dedica su atención a lo que resulta más llamativo, en especial a objetos o situaciones que puedan encerrar un peligro, y deja de lado todo lo que considera inofensivo. Sin embargo, ya no vivimos en cuevas ni estamos rodeados de depredadores Y, aun así, conservamos los mismos mecanismos mentales de esos tiempos pasados, centrados en lo negativo y pasando por alto todo lo que consideramos neutro. De esa manera nos perdemos la mayor parte de los tesoros que encierra nuestra vida, sin darnos cuenta de toda la belleza y felicidad que se esconde en todo lo que aparentemente es insignificante. La práctica de mindfulness nos ayuda a superar esas tendencias de nuestro sistema nervioso de trogloditas. Poco a poco iremos cambiando esas inclinaciones instaladas en lo profundo de nuestros cerebros por otras que resulten más acordes con nuestra realidad actual y que puedan llevarnos mejor en la dirección de la felicidad. Como decíamos en el primer capítulo, a la madre naturaleza no le preocupa nuestro bienestar, sobre todo cuando se trata de supervivencia de la especie. Por suerte, hay algo que nosotros podemos hacer, aunque comprenderás ahora mejor por qué decimos que no es fácil si tenemos que cambiar tendencias que se han ido instalando en nuestro sistema nervioso durante millones de años de evolución.

Por si fuera poco, existe un factor que influye de manera importante en la dificultad de la tarea que vamos a emprender: la actitud con que nos acercamos a dicha tarea. Por lo que observo en mis alumnos y en mí misma, la práctica de mindfulness se afronta a menudo desde el modo hacer. Esto es lo normal, pues se trata del modo en el que nos hemos educado, es nuestro modo por defecto y la manera de enfocar la realidad que se potencia y se premia en Occidente. Nos centramos en los resultados; queremos llegar a la meta antes de haber salido; el proceso para alcanzarla es solo un medio, sin más importancia que la de llevarnos a la casilla de llegada; miramos todo con las gafas de «todo o nada» (si el objetivo se ha cumplido o no), sin valorar apenas los avances realizados. Así, solemos sentirnos tensos, frustrados e imperfectos cuando no conseguimos rápida y exactamente lo que queremos. Al practicar la atención plena desarrollamos el modo ser, el modo de la aceptación y de la calma, el modo que otorga el mismo valor, si no más, al proceso que al resultado. Así que te invito a ser consciente de tus prisas y tus exigencias y a tratar de dejarlas a un lado cuando practiques mindfulness.

Cuando aparecen las prisas y la frustración, es importante recordar el hecho de que la atención plena es una actitud que se va desarrollando a medida que la vamos practicando. Y que, así como asumimos que para llegar a ser arquitecto o a tocar el piano se necesitan años de formación, tenemos que aceptar que ser felices y disfrutar de una vida que nos llene plenamente no se consigue en un taller de fin de semana o leyendo un par de libros de autoayuda. Es como si quisiéramos ganar el Tour de Francia cuando apenas acaban de regalarnos la bicicleta, olvidando cuántas veces hay que caerse y cuánto hay que practicar para ser un buen ciclista y conseguir llegar a la meta. No olvides nunca que el objetivo es elevado e igual de elevado es el camino, en todos los sentidos. Para que el mindfulness funcione y notemos el cambio en nuestra vida tenemos que practicar, esta es la clave. Practicar a nuestro ritmo, «sin forzar pero sin parar».

Práctica

> Identifica los juicios que aparecen en tu mente sobre la dificultad de la tarea o sobre los resultados que puedes obtener, cada vez que te propongas practicar mindfulness. Obsérvalos, déjalos pasar y mira si esos juicios afectan de algún modo a tu cuerpo y a lo que te habías propuesto hacer.

El maestro de meditación Yongey Mingyur Rinpoche, en su libro *La alegría de vivir* dice: «La meditación es mucho más sencilla de lo que la gente suele pensar: sea cual sea tu experiencia, si te mantienes consciente de lo que está ocurriendo, ¡esto es meditación!». No hacen falta grandes esfuerzos, se trata solo de prestar atención. Quizá el único problema al principio sea acordarse de hacerlo; pero poco a poco uno se va acostumbrando y al final se convierte en parte de la vida. Y se nota. Aunque te cueste trabajo sacar tiempo para las prácticas formales, puedes ir tratando de dirigir la atención a lo que haces, a tus pensamientos, a tus emociones y a tus distracciones, sin querer cambiar ni controlar nada (y si te pillas queriendo cambiar o controlar, observa también esto). Prestar atención es suficiente.

También en relación con este asunto de la supuesta dificultad del mindfulness, y para concluir, hay una frase de la autora Sharon Salzberg que me encanta: «El mindfulness no es difícil. Solo hay que acordarse de practicarlo».

MEDITACIÓN DE LA ESPINACA

Hace unos días compré unos manojos de espinacas y me puse a limpiarlos. Mientras lo hacía trataba de estar atenta a lo que estaba haciendo (recuerda: «*age quod agis*») y se me ocurrió esta meditación: «la meditación de la espinaca». La próxima vez que tengas que cocinar algo, puedes convertir esa tarea en una meditación. Estas son las instrucciones (puedes cambiar las espinacas por cualquier otro alimento):

1. Coge el manojo de espinacas.

2. Revisa tu postura: los pies en contacto con el suelo, bien plantados; la espalda recta; los hombros y el resto del cuerpo relajados, y en la cara una expresión amable.

3. Date cuenta de que estás en tu cocina, echa un vistazo a tu alrededor y trae a tu mente tu intención de arreglar esas espinacas prestando la máxima atención a la tarea. Establece una especie de compromiso contigo mismo basado en esa intención. Puedes decirte algo así como «estoy aquí,

en mi cocina, y, en lugar de dejar que mi mente vaya de un lado a otro pensando en mil asuntos, voy a dejar todo a un lado para dedicarme plenamente a la experiencia de este momento: limpiar estas espinacas».

4. Comienza y pon toda tu atención en lo que haces, como si ese manojo de espinacas fuera lo único que existe en este momento, la cosa más importante del universo: observa cómo coges las espinacas, su color, su olor, su tacto, el sonido que producen cuando las cortas, los movimientos que realizas, la sensación del agua rozando tus manos cuando las lavas y deslizándose entre las hojas...

5. Date cuenta de los juicios que emite tu mente: «Uf, cuántas espinacas. Con la prisa que tengo...», «¡Qué tontería de ejercicio!», «¡Qué interesante!»... Y sigue con la tarea.

6. Si en algún momento te das cuenta de que has dejado de prestar atención a lo que estás haciendo porque te has puesto a pensar en otras cosas (recuerdos, planes, conversaciones...) vuelve amablemente a las espinacas.

7. Repite el paso número seis tantas veces como sea necesario, tomando conciencia de los juicios que llegan a tu mente cada vez que te alejes de las espinacas: acerca de lo mucho que te distraes, de lo difícil que es prestar atención o de cualquier otro asunto. Continúa limpiando atentamente las espinacas, recordando tu intención de hacerlo y el compromiso que asumiste en el paso número tres. Recuerda que en este momento no hay nada más importante que lo que estás haciendo y ofrécele toda tu atención.

8. Cuando acabes, dedica unos instantes a dar las gracias a las espinacas y a ti mismo por haberlas preparado con tanto cariño y por haber dedicado un ratito a estar tranquilo y a cuidar de ti y de las espinacas.

Este ejercicio se puede hacer en todo momento con cualquier actividad que estemos haciendo; en especial, puedes practicar en situaciones o tareas que te resulten aburridas o fastidiosas, como trabajos de papeleo o esperar en una cola. Mantén tu mente en la experiencia en la medida de lo posible y date cuenta de las resistencias que esta impone. Observa cómo son tu aburrimiento y tu impaciencia, cómo se manifiestan en tu cuerpo y en tu mente. Eso es la atención plena: estar presente en la experiencia de cada momento, con la intención de hacerlo. Y cada vez que nos demos cuenta de que la mente se ha apartado de la experiencia con juicios o cualquier otra excusa, la llevamos de vuelta a la experiencia, a lo que está sucediendo en ese preciso instante. Lo cierto es que podemos estar meditando durante todo el día, disfrutando de todos los beneficios que esta práctica nos trae (y que puede que ya estés experimentando) si, en lugar de actuar en piloto automático, lo hacemos habitando cada momento, prestándole atención. Puedes crear tus propias meditaciones: meditación de vestirte, del cepillado de dientes, de abrir la puerta de casa, etc.

Práctica

Cuando vayas a cocinar, convierte ese momento en una meditación centrando la atención en todo lo que haces mientras lo vas haciendo: coger los alimentos, lavarlos, cortarlos... Presta atención a los olores, a los colores, a las texturas y a cualquier sensación que llegue a tus sentidos. Si te distraes con algún pensamiento, vuelve a llevar tu atención a lo que estás haciendo. También puedes permanecer con la atención en tu respiración, sintiendo cómo el aire entra y sale por tu nariz, sin dejarte llevar por los pensamientos que te pasen por la cabeza.

Cuida tu postura, con la espalda recta y el resto del cuerpo relajado. Mantén en tu cara una expresión amable, sonriendo incluso si te apetece.

Cuando acabes, si te parece bien, da las gracias, a ti y a los alimentos, por haber estado ahí.

MEDITACIÓN DE LA DUCHA

La ducha es un lugar perfecto para practicar mindfulness. En lugar de ducharte como si fueras un robot o de meter en la ducha contigo a tu jefe, a los vecinos y a un montón de personas más, dedicando ese momento a pensar en todos ellos, puedes convertir una simple ducha en un momento sagrado. Puedes aprovechar la ducha para hacer un paréntesis y desconectar de todos tus problemas, para disfrutar de un montón de sensaciones que se te ofrecen sin tener que ir a un spa. Cualquier problema que tengas, por grave que sea, puede esperar lo que dura una ducha (salvo que la casa se esté incendiando). Sumérgete en los olores del gel o el champú, en las sensaciones de tu piel al entrar en contacto con el agua o con tus manos mientras te enjabonas, en el sonido del agua al caer... No tienes que eternizar la ducha, bastan cinco minutos para convertir una experiencia monótona y cotidiana en algo muy especial. Por mal que te vaya la vida, si quieres, puedes tomarte un respiro y convertirte cada día durante unos minutos en la chica o el chico de aquel anuncio de gel que olía a limones del Caribe.

Es probable que tu mente califique el «momento ducha» como algo sin interés y que por eso prefiera dedicarse a ir en busca de asuntos más interesantes que en realidad no existen. Ahí está el gran reto. En darnos cuenta de que el hecho de ducharnos no es tan insignificante como puede parecer. Hace años leí algo que me impactó. Fue en un artículo de Andrés Cárdenas, un periodista de Granada. Decía que había tenido en casa a una niña saharaui de acogida durante unos meses. Cuando llegó el momento de volver a casa, él le preguntó si quería llevarse algo para regalar a su familia. Y la niña le dijo que sí, que quería llevarse un grifo como los que había en casa del periodista, por los que salía agua cada vez que los girabas. De modo que el hecho de que tengamos en nuestra casa un tubo por el que sale agua caliente a nuestro gusto en el momento en que nos apetece no es algo sin importancia. Que podamos sentir el agua resbalando por nuestra piel o disfrutar del suave olor del jabón... Tampoco parece tan insignificante. Dale la vuelta a la tendencia de tu mente y conviértelo tú en algo especial. ¿Cómo? Simplemente prestándole toda tu atención.

Práctica

Si no tienes tiempo para hacer la práctica formal cada día, puedes aprovechar la ducha para practicar. Observa cada paso que das mientras te duchas. Cómo abres el grifo, coges el gel, te enjabonas, te enjuagas, te secas... Presta atención a las sensaciones: los olores, la temperatura del agua o el contacto de tus manos o la toalla en tu piel. Date cuenta de todos los pensamientos que van apareciendo y déjalos pasar sin más. Si te das cuenta de que te has enganchado a alguno de ellos y te has alejado de la experiencia de ducharte, amablemente vuelve a tus sensaciones y continúa sintiéndolas.

Cuando acabes, si te apetece, da las gracias, a ti y a la ducha, por haber estado ahí.

Intención y actitud

Para convertir experiencias cotidianas en prácticas de atención plena, es importante tener en cuenta dos factores: la intención y la actitud.

La intención

Se trata de tener claro que quieres ducharte o lavar los platos con atención plena o, más profundamente, que quieres practicar la atención plena o, más profundamente aún, que quieres ser feliz, estar tranquilo o disfrutar de la vida en plenitud. Ten siempre presente cuál es tu intención a la hora de hacer lo que quiera que hagas. La intención es la fuerza que está detrás de lo que emprendes y traerla al presente te ayudará a llegar a donde deseas. Además, en muchas ocasiones, el piloto automático se dispara con mayor facilidad porque no tenemos presente nuestra intención. Pondré un ejemplo. Mi hija Sara practica rugby. Un día que tenía entrenamiento la vi salir de su cuarto sin su ropa de deporte. Le pregunté si es que esa tarde no iba a entrenar. Ella (con cara de «ay, la que se me viene encima...») me dijo que no, que había decidido pasar la tarde con un amigo. De pronto, me di cuenta de cómo empezaba a surgir en mí el sermón de siempre: «Hija, no puedes perderte el rugby si te has comprometido...». Pero antes de empezar a hablar, pensé en la intención que tengo en relación con la educación de mis hijas. La intención de favorecer el hecho de que sean independientes y aprendan a decidir y a gestionar su vida, más aún en lo referente a sus aficiones. Al ver que la situación que se estaba dando encajaba con mi intención, en lugar de reñirle u obligarla a ir al rugby, lo que hice fue decirle: «Vale, hija, que te vaya bien». Ella se fue tan contenta, sorprendida al verme tan relajada y tolerante. El hecho de haber estado atenta a cómo aparecía el hábito de sermonear a mis hijas con lo que deben hacer y de recordar mi intención en relación con su educación, hizo que fuera capaz de parar y decidir cómo quería actuar en esa situación concreta: como siempre o de forma diferente. Creo que la decisión de no sermonear a mi hija adolescente en aquel momento fue buena: contribuyó a mejorar la relación entre nosotras y favoreció la independencia que tanto necesita en esta etapa de su vida.

Práctica

Cada vez que vayas a hacer algo, pregúntate cuál es tu intención para hacerlo. No le des muchas vueltas, cierra los ojos, respira unos instantes y mira si aparece algo en tu mente.

LA ACTITUD

Como ya sabes (si has leído hasta aquí), la mente tiende a alejarse de lo que no considera interesante. Así que es posible que cuando vayas ilusionado a vivir la superexperiencia de la ducha consciente, solo consigas un segundo de esa experiencia y el resto del tiempo te lo pases fuera, perdido en tus pensamientos. En ese caso también tenemos que prestar atención: observar nuestra decepción, nuestros deseos de ganar el Tour recién comprada la bicicleta y todos los juicios que aparezcan. Recuerda que debes mantener una actitud amable y de confianza en el proceso: un segundo de atención plena es mejor que nada. Lo que hoy es apenas un segundo se irá ampliando e irá permitiendo que la frescura del momento presente vaya impregnando cada vez más tu vida.

Además de la amabilidad o la confianza en el proceso, señalaremos otras actitudes que te ayudarán en tu práctica y que se irán desarrollando a medida que avances en ella. Algunas de las más importantes son:

- La mente de principiante, de la que ya hemos hablado: esa capacidad para mirar todo con ojos nuevos, como si fuera la primera vez que lo ves. En el caso de la ducha, supondría encender el grifo como si no hubieras visto uno en tu vida y hacer lo mismo con el gel, con los olores, con las sensaciones que produce el agua en tu piel... Observando todo como si fueras un extraterrestre que acaba de aterrizar con su nave en la Tierra.

Práctica

Un modo de practicar mindfulness en cualquier situación cotidiana es hacer lo que estés haciendo como si acabaras de aterrizar de un planeta lejano y nunca hubieras visto nada de lo que hay en la Tierra.

* Dejar a un lado la preocupación por el resultado: aunque tengas una meta o una intención muy clara, durante la práctica de la atención plena puedes dejarlas a un lado y dedicarte a estar ahí, bien cerca de lo que esté pasando. Esto aflojará la tensión y te ayudará a estar más centrado en el proceso y a vivirlo tal y como se va desplegando, sin limitar la infinidad y la riqueza de las posibilidades que encierra cada paso del recorrido.

* No juzgar, ni a ti ni a los demás ni a nada. Se trata simplemente de percibir y de estar en la experiencia tal y como es. No significa que no tengamos opiniones y preferencias, sino de suspenderlas por un momento para entrar en contacto directo con la realidad. El hecho de hacer juicios y categorizaciones acerca de todo aquello y todos aquellos con los que nos vamos encontrando es una gran fuente de estrés y limita de una manera importante nuestra percepción. Al practicar la atención plena puede que te des cuenta de cuántos juicios emites acerca de si lo que haces y cómo lo haces está bien o mal, incluso puede que llegues a juzgarte por el hecho de juzgar mucho. Como siempre, no

se trata de luchar contra los juicios ni contra nada, sino tan solo de darnos cuenta de que están ahí y de cómo nos afectan y afectan a nuestras vivencias.

Práctica

Cuando estés haciendo algo o te encuentres con alguien, observa los juicios que aparecen en tu mente y déjalos pasar, sin darles más vueltas. Mira si sientes algún cambio en tu cuerpo por efecto de esos juicios.

• Aceptar la realidad tal y como es. Esto no significa resignarse ni aguantar todo lo que nos echen, sino comprender que las cosas no siempre son como nosotros queremos y que la aceptación es el paso previo al cambio. Recuerda el dicho: «Lo que resistes persiste, lo que aceptas se transforma», trata de ponerlo en práctica y mira si funciona.

Comer con atención plena I: meditación de la uva pasa

En el programa de mindfulness que imparto, el MBSR, realizamos, en la primera sesión, un ejercicio que se ha convertido en un clásico: comer una pasa con atención plena. Los participantes imaginan que son extraterrestres recién llegados al planeta Tierra y que acaban de encontrar un pequeño objeto que van a explorar con sumo cuidado. El objeto es una uva pasa, pero durante todo el ejercicio actuamos como si no supiéramos lo que es ni nunca lo hubiéramos visto. Si tienes una uva pasa a mano y te apetece, puedes hacer ahora el ejercicio. Se trata de ir explorando ese objeto con cada uno de tus sentidos, en orden. En la clase vamos comentando en voz alta lo que se va encontrando al analizar la pasa con cada uno de los sentidos: «este objeto es marrón, irregular, pequeño, mate... su color no es homogéneo, tiene diferentes tonalidades»; «es rugoso, maleable...»; «si lo acercas al oído y lo aprietas, produce un chasquido»; «desprende un perfume suave y dulzón, que se intensifica si lo presionas con los dedos». Al llegar al sentido del gusto, se mete muy despacio en la boca, se saborea antes de morderlo y después se comienza a masticar poco a poco, observando todas las sensaciones que van apareciendo. Se traga despacio, con cuidado y dándonos cuenta de hasta dónde podemos sentir el objeto al pasar por la garganta y en qué momento perdemos el contacto con él.

Cuando acabamos, comentamos la experiencia en grupo. Hay una sensación general de asombro ante el hecho de que algo tan pequeño y aparentemente insignificante como una pasa pueda producir sensaciones tan variadas e intensas. Algunos caen en la cuenta de lo afortunados que somos por el hecho de poder disfrutar tanto de una experiencia tan sencilla usando nuestros sentidos; otros comparan el modo en que hemos degustado esa pasa con la manera en que solemos comer las pasas: a puñados, sin apenas masticarlas. Aparecen sentimientos de agradecimiento hacia todas las personas y la cadena de hechos y condiciones que han permitido que ese pequeño fruto llegue a nuestras manos: ahí, dentro de la pasa, se concentra la energía del sol, el alimento de la tierra, la lluvia, las manos de la persona que cuidó la vid y recogió su fruto, el clima y la atmósfera que hicieron que la uva se fuera secando, el trabajo de las personas que la envasaron y la distribuyeron como también del vendedor... Apreciamos juntos todas las circunstancias que han intervenido y se han encadenado para que ese pequeño fruto llegue a nuestras manos.

La intención principal de este ejercicio es que los participantes del programa se den cuenta de la diferencia entre comer con atención o hacerlo en piloto automático. En la mayoría de los casos, se trata de su primer contacto con la atención plena. Durante todo el tiempo que empleamos, estamos presentes en la experiencia de comer la pasa y en todas las sensaciones que van apareciendo. Si surge algún pensamiento, también tomamos conciencia de él y detectamos cuándo nos enredamos en alguno de ellos para alejarnos de la realidad del momento. Para la mayoría de los participantes, las comidas serán diferentes a partir de ese día.

Cualquiera de nuestras comidas puede convertirse en una meditación. Si le dedicamos nuestra atención, un simple sorbo de té puede ser una fuente de paz y conexión con nosotros mismos. Por mucho estrés que tengamos y muy ocupados que estemos, siempre tendremos que dedicar un tiempo para comer. Y ahí es donde podemos aprovechar para abrir un espacio de calma en medio de la actividad del día. Aunque estemos rodeados de gente y de ruido, si nos acordamos, podemos convertir un bocado en un momento de tranquilidad. Por algo se empieza... mejor un segundo de paz que nada.

La comida es una de las actividades que con mayor frecuencia solemos acometer en piloto automático. Le dedicamos un poco más de atención a veces, cuando estamos delante de platos muy especiales. Incluso en esas situaciones, por lo general, nos dedicamos a comentar los platos, buscándoles los fallos y las virtudes o comparándolos con otros que nos vienen a la cabeza en esos momentos. En nuestras comidas de todos los días, consideramos algo normal el hecho de tener delante de nosotros los alimentos ya cocinados y listos para nutrirnos. No nos paramos a saborearlos ni sentimos agradecimiento por el hecho de disponer de ellos o por todas las personas y circunstancias que han hecho posible que lleguen hasta nuestra mesa. Además, solemos comerlos deprisa mientras hacemos otras cosas a la vez, como charlar o mirar la tele, lo que hace que no estemos muy atentos a cómo nos están sentando o al momento en que nuestro cuerpo nos envía las primeras señales de saciedad. Solo somos conscientes de estas señales, que indican que ya tenemos suficiente y que sería mejor parar, cuando se producen a un volumen muy alto, esto es, cuando sentimos malestar; cuando aparece esa sensación tan incómoda de estar atiborrados que por fin nos obliga a parar, quizá un poco más tarde de lo que habría sido óptimo para nuestra salud y nuestra línea. Existen dietas basadas en la atención plena, en las que, entre otras cosas, se ejercita el estar atento a las señales que envía nuestro cuerpo acerca de lo que le conviene y le sienta bien y de cuándo tiene suficiente. En muchos casos basta con este sencillo cambio de enfoque para transformar nuestros hábitos alimentarios.

Práctica

Puedes convertir tus comidas, o cualquiera de tus bocados, en una meditación, donde encontrarte contigo mismo y crear un espacio de silencio y calma. Mantén tu espalda recta, sin tensión, y el resto del cuerpo relajado. Presta atención a la mesa donde está la comida, a cómo está colocada, a tu plato. Date cuenta de los sabores y texturas de los alimentos. Espera a tener la boca vacía antes de meter más comida en ella y mastica despacio, saboreando lo que tomas. Si no esperas a tener la boca vacía o masticas rápido, solo obsérvalo y continúa prestando atención a las sensaciones mientras comes. Permanece atento a las señales de tu cuerpo que indican que ya tienes suficiente y decide si seguir comiendo o parar.

Observa cualquier pensamiento o juicio que aparezca en tu mente y déjalos pasar. Si te distraes, lleva tu atención de vuelta a las sensaciones (sabores, colores, texturas, etc.).

Toma conciencia de si hay cambios en tu cuerpo y en tu mente dependiendo del alimento que tomes.

Al acabar, si lo sientes, date las gracias a ti y a los alimentos por haber estado ahí.

Comer con atención plena II:
surfear los impulsos

No siempre la sensación de hambre está producida por falta de nutrientes. Esto es algo que suele pasar desapercibido y que podemos descubrir prestando atención al hecho de comer. A veces, cuando estamos sentados delante del ordenador o de la televisión, aparecen de pronto unas ganas terribles de algún alimento en concreto. Por lo general esas ganas son de alimentos como el chocolate, las patatas fritas o alguna chuchería por el estilo. Estos momentos nos ofrecen una buenísima oportunidad para conocernos mejor, cambiar de hábitos y ser dueños de nosotros mismos, aprendiendo a controlar nuestros impulsos. En lugar de ir a buscar eso que nos ha apetecido o algo similar que acallará nuestro estómago hasta la siguiente ocasión, podemos detenernos un instante y observar de dónde viene el hambre y cómo es la sensación. Quizá podamos descubrir que lo que queremos «apagar» comiendo no es hambre sino aburrimiento, ansiedad, cansancio o cualquier otro «fuego interno». Entonces podemos decidir si queremos cambiar de canal, levantarnos de la mesa del despacho para despejarnos o silenciar esa vocecita interior con un trozo (o una tableta) de chocolate hasta que vuelva a aparecer para pedir más. No hay unas opciones mejores que otras ni tenemos que realizar grandes esfuerzos con nuestra voluntad; podemos dejar de juzgarnos por la opción que elijamos y relajarnos en la situación, aceptando el hecho de que cada uno actúa según sus circunstancias y posibilidades. Lo que sí podemos elegir nosotros, hagamos lo que hagamos, es hacerlo con atención o sin ella, de forma consciente o automáticamente. Esto es lo que va a marcar la gran diferencia y lo que hará posible el cambio en nosotros y en las rutinas, en este caso alimentarias, que deseamos ir abandonando.

Si en lugar de acallarla rápidamente con algún alimento, decidimos prestar atención a la sensación de hambre, podremos comprobar también que esta evoluciona de una manera concreta. No aparece de pronto ni se manifiesta de forma uniforme y plana, sino que se comporta como una ola: va aumentando poco a poco hasta llegar a un punto de intensidad máxima a partir del cual empieza a descender. Responde al patrón del dicho aquel de «Dios aprieta pero no ahoga», lo cual nos concede un buen margen de actuación. Si conseguimos llegar hasta el punto de máxima intensidad (que es en el que aparecen las ganas más fuertes de hacer algo) y resistir a la tentación de actuar justo ahí, el resto será mucho más llevadero. Esto es lo que se conoce como «surfear los impulsos»: la capacidad de sobrepasar el punto álgido de ganas de hacer algo en caliente, lo que supondría «reaccionar». En lugar de eso, esperamos a que el impulso se desvanezca y a que se apague por completo, para decidir después qué queremos hacer, lo que supondría «responder». La diferencia entre la primera opción, reaccionar, y la segunda, responder, es clave. En el primer caso, haremos lo que sea que realicemos (comernos un trozo de chocolate o la tableta) cegados por un montón de hormonas que nublan nuestro entendimiento y nos empujan en una dirección que quizá no nos conviene demasiado. Para poder saber qué es lo más adecuado y actuar en consecuencia, tenemos que esperar a que pase el calor del impulso y, ya en frío, decidir qué dirección queremos tomar. La diferencia entre una y otra opción es sustancial.

Hemos de tener en cuenta, de nuevo, que no se trata de hacer grandes esfuerzos o de machacarnos si no conseguimos estar en el recorrido completo y la ola nos revuelca a la primera de cambio, haciendo que cedamos al impulso. Tenemos que volver a recordar aquí lo que ya sabemos: que no vamos a convertirnos en campeones de windsurf recién comprada la tabla. Primero hemos de procurar estabilizarnos encima de muchas olas y estar dispuestos a caernos muchas veces. Lo importante es practicar y practicar. Desde luego, olas no van a faltarnos.

Quizá te hayas dado cuenta ya de que la sensación de hambre no es la única que se comporta como una ola. Cuando vayas prestando atención, irás comprobando que casi todo lo que nos pasa viene en forma de ola. Los enfados, las penas, las alegrías, las discusiones, los enamoramientos... Toda la vida está formada por olas subiendo y bajando. Ocasiones de practicar no van a faltarte; de ti depende aprovecharlas y aprender a surfear, aunque las olas te revuelquen una y otra vez al principio, o quedarte sentado a la orilla del mar.

Te propongo una práctica muy sencilla: «surfear las ganas de chocolate». Si no te gusta el chocolate, hazlo con cualquier alimento que quieras dejar de comer o consumir en menor cantidad. Voy a explicarte cómo la hago yo. Me encanta el chocolate. Antes de comenzar a practicar mindfulness, mi relación con este delicioso manjar era bastante complicada y bastante similar a la que tiene el resto de la gente con ese alimento. A veces, muchas veces, comía más de lo que quería y luego me sentía empachada y culpable. Cada vez que esto pasaba, me proponía ser mucho más comedida recurriendo a mi fuerza de voluntad la próxima vez que tuviera un antojo. Puede que no sea necesario decir que no tuve mucho éxito y que mi opinión sobre mi supuesta fuerza de voluntad se iba deteriorando cada vez que cedía a mis ganas de chocolate sin conseguir ponerles freno hasta que me encontraba bien satisfecha. Por suerte, la situación cambió cuando comencé a utilizar la atención para vivir esta tempestuosa relación. Hay veces, cada vez menos, en que la ola de las ganas de chocolate es tan intensa que me arrastra y acabo comiendo más de lo que me gustaría. Pero soy consciente de ello, eso sí. Dejando a un lado estas situaciones que me recuerdan que soy un ser humano, en cuanto me doy cuenta de que tengo ganas de tomar chocolate, doy los siguientes pasos:

- Apago el piloto automático y enciendo el modo ser.
- Presto atención a las ganas: cómo son de intensas y qué trato de calmar con el chocolate, si es que hay algo escondido. A veces me doy cuenta de que simplemente estoy aburrida o cansada y, si puedo, hago algo más acorde con esos estados, como distraerme o descansar.

• En otras ocasiones no detecto nada o las ganas son más intensas o las dos cosas. En ese caso tan solo observo todo lo que hago hasta tener el chocolate en mi boca, pero trato de hacerlo un poco más despacio: mis movimientos para llegar hasta él y cogerlo, el espacio que recorro, el contacto de mis pies en el suelo, cómo lo saco de la caja, el color del envoltorio, el sonido que se produce al quitarle el papel, cómo lo acerco a mi boca… todo el proceso y todas las sensaciones que se suceden hasta que se pierde bajando por la garganta en dirección al estómago. Además, trato de observar también los pensamientos y las emociones que aparecen mientras dura esta «práctica».

Mi intención, en relación con el chocolate y otras muchas cosas, es la de disfrutar, pero sin cometer excesos que después hagan que me sienta mal. Así que he decidido permitirme tranquilamente el primer trozo de chocolate, incluso hasta dos. La cuestión más interesante tiene lugar cuando, una vez que me he comido los dos primeros trozos, mi cuerpo me pide más, sin tener en cuenta para nada lo que quiero hacer realmente o lo que me conviene. Aquí es donde tengo que echar mano de mi tabla de windsurf y mi bañador. Entonces, en lugar de reaccionar cogiendo otro bombón y echándomelo a la boca, dejo pasar cinco minutos exactos. Durante esos cinco minutos, puedo hacer dos cosas. Una es dedicarme a seguir haciendo lo que estuviera haciendo. La otra opción, si tengo ganas y tiempo, es dedicarme a surfear el impulso. Entonces dejo lo que tengo entre manos y dedico esos cinco minutos a observar cómo se manifiestan en mí las ganas de comer chocolate.

Utilizo para esto el triángulo de la atención que vimos en la parte primera del libro. Analizo cómo aparecen las ganas, qué **sensaciones** producen en mi cuerpo, cómo van escalando; veo cómo me siento cuando llegan a su punto más alto y me doy cuenta del deseo tan intenso de comer chocolate que me sobreviene en ese momento. Entonces respiro, observo los **pensamientos** que aparecen, si detecto alguna **emoción** —impaciencia, ansiedad, aburrimiento, etc.— y, si no cedo al impulso y consigo surfearlo, disfruto del suave descenso que me va llevando a la calma. Después de pasar los cinco minutos, las ganas de chocolate se han esfumado como por arte de magia. Al principio no era así, me costaba permanecer en el impulso sin ceder, pero ahora me he convertido en una experta surfera, en lo que a chocolate se refiere.

Te animo a que practiques este deporte todo lo que puedas, resulta muy divertido. Además, si aprendes a surfear la ola de las ganas de chocolate, estarás más cerca de conseguirlo con otras muchas olas que irás descubriendo en tu vida, como la ola de la rabia, la de las ganas de hacer una llamada telefónica que no quieres hacer o la ola del enamoramiento. Por lo general no sucede nada grave si cedes en estos casos, pero es mejor decidir en pleno uso de nuestras facultades lo que deseamos hacer con nuestra vida (y a veces con la de los demás) que dejarnos arrastrar por un torrente de hormonas cegadoras. El índice de aciertos y satisfacción es más alto en el primer caso.

Práctica

Surfea tus impulsos cada vez que tengas ganas de comer algo que no te convenga demasiado o de lo que quieras comer menos cantidad de la que tomas habitualmente. Cuando aparezcan las ganas de llevarte eso a la boca, para, respira y apaga tu piloto automático. Presta atención a todo lo que sucede en ti en ese momento: cómo llegan las ganas, cómo van aumentando, cuál es el punto de máxima intensidad, ese instante en el que resulta más difícil resistir sin comer eso que deseas. Observa los pensamientos que aparecen en tu mente —muchos de ellos intentando convencerte para que cedas— y deja que estén ahí, sin hacerles mucho caso. Continúa encima de tu ola. Si consigues superar ese punto de máxima tensión, observa cómo las ganas disminuyen a partir de ahí hasta llegar a la calma. Si aparece algún pico en que las ganas aparecen de nuevo, obsérvalo.

Si cedes a la tentación y comes, sé amable contigo, tómatelo como algo divertido y no te castigues por haber «caído en la tentación». Recuerda que eres un ser humano y que, si sigues practicando, te convertirás en un magnífico «surfeador de impulsos» y entonces serás tú quien decida sin presiones si quieres comer de eso que ahora decide por ti.

A medida que vayas surfeando impulsos, te será más fácil darte cuenta de que estás metido en uno de ellos cuando sea el caso y también te percatarás de la fuerza tan intensa que, en su punto álgido, intenta llevarte en la dirección de hacer algo (comerte un bombón, gritar, hacer una llamada de teléfono o casarte). Y, cuanto más practiques, más podrás decidir tú lo que quieres hacer, en lugar de actuar movido por irresistibles y desconocidas fuerzas.

Los ejercicios de práctica formal de la segunda parte también te ayudan a prepararte para ser un buen surfero. Es como si, antes de meterte en el océano para hacer windsurf, te entrenaras en una piscina con olas artificiales. De manera que, cuando estés sentado haciendo tu práctica de meditación formal y aparezca picor, tensión en la espalda, aburrimiento o cualquier otro fenómeno que te empuje en la dirección de hacer algo, como rascarte o moverte, considera todo eso como olitas artificiales y practica con ellas para luego poder enfrentarte a las olas de diferente intensidad que te esperan en el gran océano de la vida.

Comer con atención plena III: consumo consciente

Si has leído los apartados anteriores, ya has visto todo lo que puede surgir a partir de comer con atención una simple uva pasa. Y de qué modo, comiendo chocolate atentamente, podemos aprender a manejar mejor nuestra rabia.

Un acto como comer, en apariencia sencillo y al que a menudo dedicamos poca atención, puede convertirse en una gran fuente de sabiduría que nos ayudará a llevar mejor nuestro día a día.

Vamos a seguir profundizando en el tema de la alimentación porque existe un aspecto relacionado con ella que me parece importante por el impacto que puede tener en nuestro bienestar emocional. Cada vez hay más información y conciencia acerca de la importancia de alimentarnos adecuadamente debido a las consecuencias que una mala dieta puede acarrear, no solo para nuestra salud, sino para la de todo el planeta. Pues bien, podemos ampliar nuestra visión de la alimentación si consideramos el hecho de que no solo nos alimentamos con aquello que entra por nuestra boca. Estamos expuestos constantemente a una multitud de estímulos que pasan a través de nuestros sentidos y que, de algún modo, también están alimentándonos. Determinada información, conversaciones, ruidos, contaminación, programas de televisión… son también «alimentos» para nosotros y pueden influir en nuestra calidad de vida de forma importante.

En el budismo se explica que una persona puede tener estrés o sufrir en tres niveles:

- externo: con problemas que se ven, como una enfermedad física o la pobreza;
- interno: cuando se sufre por problemas emocionales no tan evidentes, como una depresión o la soledad;

- semilla (o propensión): cuando el problema no es tan manifiesto. Este nivel se refiere a tendencias propias de cada persona que pueden generarle sufrimiento. Se trataría de las tendencias adictivas, agresivas, envidiosas, etc., que suelen estar latentes y que, si se dan las condiciones necesarias, se despiertan en nosotros. Es lo que explica que personas a las que aparentemente todo les va bien, y que no tienen problemas en los niveles externo e interno, se sientan infelices. Según el budismo, la dimensión de estas semillas, ocultas en el fondo de nuestra conciencia, incide directamente en nuestro estado y genera una inquietud sin motivo aparente que nos impide ser felices. Al igual que existen estas semillas de sufrimiento, existen también dentro de cada uno de nosotros las semillas de la felicidad. La cuestión estriba en qué semillas estamos regando y alimentando en cada momento.

Existe una leyenda que pertenece a los indios cherokee y que cuenta cómo un abuelo hablaba con su nieto de la siguiente manera: «Hijo, en el interior de cada persona se libra una batalla entre dos lobos. Uno es el lobo de la envidia, la rabia, la tristeza, el rencor y todas las emociones e inclinaciones que nos hacen sufrir; el otro es el lobo de la alegría, la paz, la conexión, la colaboración y todas las tendencias que nos unen y nos hacen felices». El nieto, después de reflexionar unos instantes, le preguntó: «Abuelo, ¿qué lobo gana la batalla?». Y el abuelo respondió: «El lobo que tú alimentes».

En esencia es la misma historia que la de las semillas. La traigo a colación porque me parece importante el hecho de que nos demos cuenta de que lo que vemos, oímos, pensamos y todo aquello a lo que estamos expuestos, de alguna manera, también nos alimenta. En concreto, alimenta tendencias que están dentro de nosotros y que influirán en nuestra vida. Y así, igual que seleccionamos y estamos atentos a los alimentos que vamos a ingerir, teniendo en cuenta cómo pueden sentarnos o su nivel de toxicidad, también podemos prestar atención y seleccionar otros tipos de «nutrientes» que nos alimentan a un nivel más profundo. Todo lo que nos entra por los sentidos (conversaciones, música, noticias, lecturas, etc.), nuestras intenciones y deseos más profundos (que pueden ser de venganza, de colaboración, etc.) y el ambiente en el que nos movemos influyen, sin que seamos conscientes, en nuestro bienestar y van determinando la tendencia que lleva nuestra vida. Sin duda que la práctica de la atención plena hará que seamos cada vez más conscientes de todas nuestras semillas y nos ofrecerá la oportunidad de decidir si queremos regarlas o no. Esto irá sucediendo a medida que vayamos practicando el sencillo hecho de observar nuestra realidad de cada momento.

Práctica

La próxima vez que leas algo o veas alguna película o programa en la televisión, pregúntate qué semillas está regando eso en ti.

Otras meditaciones cotidianas:
la postura en dos puntos

Tal y como hemos comentado y como veremos en la última parte de este libro, absolutamente todo lo que nos ocurre es susceptible de convertirse en una práctica de mindfulness. De este modo podemos saborear experiencias que antes nos pasaban desapercibidas, dándoles color e intensidad, y a la vez reducir el estrés, desconectando de nuestra corriente de pensamiento. Caminar por la calle, entrar en casa, coger el teléfono o levantarte por la mañana son momentos estupendos para tomarte un respiro y aterrizar en el presente.

Hace tiempo que decidí convertir en algo especial el momento en que mis hijas entran en casa al volver de clase. Antes se trataba de algo más que sucedía mientras yo estaba en mis cosas. De pronto un día, escuchando una canción de Abba en la película *Mamma Mia!*, me di cuenta. El personaje interpretado por Meryl Streep explicaba cantando cómo su hija, que estaba a punto de casarse, se había hecho mayor casi de la noche a la mañana. Sentí una emoción muy profunda cuando la actriz recordaba cómo su hija llegaba del colegio cada día cuando era pequeña, despeinada, con su cartera a cuestas. En mi caso ya no podría saborear esos momentos porque mis dos hijas han pasado la edad del cole, pero siguen volviendo a casa después de clase. Comprendí entonces que el hecho de que mis hijas entren en casa cada día no es algo banal y decidí prestar atención a ese momento. No hago nada especial y ellas no se enteran, pero cuando oigo la llave en la cerradura y alguna de mis hijas traspasa la puerta, dejo por un momento lo que estoy haciendo, respiro y abro mi mente y mis sentidos. Las observo entrar, noto su olor mientras nos besamos —si no llevan mucha prisa y no pasan de largo por donde yo estoy—, me doy cuenta de cualquier cosa que viene a mi mente en esos momentos y la dejo pasar, centrándome por completo en lo que está sucediendo. Y, después de unos instantes, sigo con lo que estuviera haciendo.

Te voy a dejar unos truquillos que te ayudarán a estar más centrado y presente en cualquier cosa que estés haciendo:

- Hazla a cámara lenta o un poco más despacio de lo habitual.
- Presta atención a tu respiración mientras lo estás haciendo.
- Repasa el triángulo de la atención mientras te das cuenta de qué sensaciones hay en tu cuerpo, qué pensamientos acuden a tu mente y qué emociones hay en tu corazón en ese momento. Muy indicado para cuando te levantas por la mañana.
- Etiqueta, ve nombrando cada cosa que hagas usando el gerundio. Por ejemplo, para abrir la puerta del coche, te dices a ti mismo, en silencio: «metiendo la mano en el bolsillo, cogiendo la llave, metiendo la llave en la cerradura, abriendo la puerta...». Este ejercicio es mejor hacerlo cuando estemos solos y en silencio, si no, podemos espantar a nuestro acompañante.

• Presta atención a tu cuerpo. Vamos a dedicar a este punto un apartado especial.

Práctica

Elige una de las estrategias anteriores (cámara lenta, etiquetado, etc.) y ponla en práctica cada vez que abras la puerta de tu casa.

LA POSTURA EN DOS PUNTOS

A medida que vayas practicando la atención plena, te irás dando cuenta cada vez más de cómo la mente y el cuerpo no son dos entidades separadas, sino que se influyen mutuamente. Si quiero que mi mente se calme y se relaje, será más fácil conseguirlo si mi cuerpo está también relajado y estable. Por eso es tan importante la postura que adoptemos cuando nos dediquemos a practicar meditación. Buda describió con precisión la postura que mejor puede contribuir a la estabilidad y concentración de la mente. Esta postura se conoce como «postura en siete puntos» y es la que está descrita en la segunda parte para la meditación formal.

Del mismo modo, si queremos prestar atención y estar presentes en nuestras actividades cotidianas, también nos será más fácil si contribuimos con nuestra postura. Para ello podemos adoptar lo que Yongey Mingyur Rinpoche, en *La alegría de vivir*, llama «la postura en dos puntos» Los dos puntos son la espalda y la relajación. Se trata de mantener la espalda recta y el resto del cuerpo lo más relajado posible en lo que sea que estemos realizando.

En mi práctica personal me he ido dando cuenta cada vez más de la gran cantidad de esfuerzo y tensión innecesaria que pongo en mucho de lo que hago. Esta tensión se refleja también en mi postura. En ocasiones me sorprendo tensando mi cuerpo, sujetándolo (incluso estando tumbada), como si temiera que si no lo sostengo se pudiera desparramar por el suelo. Poco a poco he ido aprendiendo a localizar las zonas tensas y a dejar que se suelten. He descubierto que si me ocupo de mantener mi columna bien recta, de forma natural, esta se ocupa de sostener el resto del cuerpo sin que yo tenga que hacer ningún esfuerzo extra. Este sencillo descubrimiento ha tenido, y sigue teniendo, una gran repercusión en el resto de mi vida. Debido a la influencia continua entre cuerpo y mente, todas estas tensiones inconscientes que voy liberando en mi cuerpo —tan solo dándome cuenta de que están ahí— desaparecen también de mi mente y de mis actos. De ese modo, voy notando cada vez más que la tensión comienza a dejar paso a una suave fluidez que me sienta muy bien. Al final me he dado cuenta de que, en general, en la vida ponemos más tensión de la necesaria en todo lo que hacemos y que gran parte del estrés y el malestar que sentimos se debe a esa tensión innecesaria e inconsciente y a un desconocimiento del poder que tiene la relajación y de cómo acceder a ella y usarla más en nuestro día a día.

Práctica

Cada vez que suene el teléfono, antes de responder, adopta la postura en dos puntos: la espalda recta y el resto del cuerpo relajado, la expresión facial incluida.

En muchas ocasiones, me resulta más fácil detectar y suavizar esas tensiones en el cuerpo que en lo que hago o pienso. Simplemente percibo dónde estoy apretando y cerrando (en el abdomen, los hombros, el entrecejo u otras zonas), y a continuación respiro y dejo que estas partes del cuerpo se suelten. Y luego dejo que el cuerpo se comunique con el resto de mí y le transmita la relajación que ha conseguido. Y funciona. Veamos un ejemplo de esta práctica en una meditación cotidiana: «la meditación de la impresora».

MEDITACIÓN DE LA IMPRESORA

A esta sencilla práctica la denomino así, aunque también podría llamarse «la meditación de la lavadora estropeada» o de «la puerta que se atasca». Se hace siempre que, de pronto, alguna avería o imprevisto en alguno de los aparatos que usas en tu día a día aparece para turbar tu paz. La reacción ante una situación así suele ser siempre la misma: el cuerpo se tensa y la mente empieza a dispararse con pensamientos relacionados con lo que ha ocurrido. Estoy imprimiendo tranquilamente un informe cuando de pronto aparece el mensaje de que no hay tinta o veo que las últimas páginas han salido en blanco. En ese momento, aparecen ante mí dos caminos:

- dejar paso a la reacción habitual, en la que me cierro ante lo que sucede porque no me gusta y esa reacción se refleja en mi cuerpo y en mi mente en forma de tensión, rumiación (dar vueltas a la cabeza sin ningún fin) y alguna que otra sensación desagradable, o
- parar un instante, adoptar la postura de dos puntos y convertir el suceso inesperado en una oportunidad para reducir el estrés, abriéndome a lo que sucede y entrando en contacto conmigo mismo y con la realidad de ese momento.

Estoy segura de que conoces bien el camino de la opción número uno. La práctica de la atención plena te ofrece una alternativa a esa vía, la opción número dos. El ejercicio consiste en observar lo que sucede en tu cuerpo y en tu mente cuando la impresora se ha detenido porque debemos cambiarle el cartucho. Comienza siempre adoptando la postura en dos puntos y observa todo lo que sucede y todo lo que haces mientras cambias el cartucho o te ocupas del aparato que te haya dado problemas. Presta atención a tu cuerpo, deja que se suelten las tensiones que localices, afloja y contempla qué pensamientos pasan por tu mente. Deja que circulen y, si alguno te enreda, vuelve a tu postura de dos puntos, endereza tu espalda y mantén relajado el cuerpo. Y ve haciendo lo que tengas que hacer, prestando también atención a ello.

Práctica

Cuando algún aparato se estropee o te cause un problema que te obligue a interrumpir lo que estás haciendo, observa tu reacción. Mira cómo están tu cuerpo y tu mente en ese momento. Observa qué piensas y si tu cuerpo se ha tensado de algún modo o, por el contrario, está relajado. Date cuenta también de si puedes localizar alguna emoción en ti (rabia, tristeza, desesperanza...). Si es posible, deja que todo eso (pensamientos, emociones y sensaciones) permanezca ahí sin cambiar nada ni enredarte con los pensamientos y realiza tres respiraciones profundas, inspirando por la nariz y vaciando bien los pulmones al echar el aire por la boca.

No desestimes la fuerza y la utilidad de este ejercicio. Si lo practicas a menudo, te será más fácil estar sereno y relajado el día en que la lavadora o la impresora se transformen en un jefe enfadado o un adolescente rebelde. Por mucho que te alteres cuando se estropea la lavadora, nunca alcanzarás los límites a los que puedes llegar cuando el supuesto origen de tu enfado es otra persona o un conflicto que surge en el interior de ti mismo sin un motivo externo aparente. Ese es el auténtico campo de prácticas y por eso vamos a dedicarle la última parte de este libro.

Parte 4

Cuando el océano se agita: mindfulness y emociones

¡No corras. Ve despacio,
que donde tienes que ir
es a ti solo!

JUAN RAMÓN JIMÉNEZ

El punto de partida: darse cuenta

La tercera parte de este libro la hemos dedicado a la práctica informal de la atención plena: cuando ejercitamos el hecho de permanecer atentos en nuestras actividades cotidianas, como darnos una ducha o cocinar. Allí hemos visto algunas situaciones en las que podemos aplicar el mindfulness cuando surgen dificultades, como que se estropee la lavadora o que no podamos parar de comer chocolate. La cuarta parte, que comenzamos ahora, también puede considerarse como de práctica informal, pero vamos a avanzar un poco más. Algunas situaciones en nuestro día a día pueden ser más peliagudas, por ejemplo, cuando en lugar de enfrentarnos a una lavadora o a una tableta de chocolate, tenemos que lidiar con otras personas o con emociones intensas. En cuanto los demás o nuestros temores más profundos entran en escena, la cosa se complica. Para estos casos también nos servirá la práctica de mindfulness. Ten en cuenta que todo lo que llevamos hasta ahora suma y que, cuanto más hayamos practicado sentados o en nuestras actividades más tranquilas, más recursos tendremos para afrontar aquellas situaciones en las que todo lo que hemos aprendido previamente parece haber desaparecido y nos encontramos a solas con nuestra desesperación, con la sensación de haber entrado en un terreno de arenas movedizas.

Las herramientas para afrontar conflictos cotidianos de más envergadura son, en principio, las mismas que ya hemos visto anteriormente. La base es prestar atención y permanecer, en la medida de lo posible, en el conflicto mientras observamos qué pasa en nuestra mente y nuestro cuerpo, para comprender con claridad qué está sucediendo y qué camino debemos tomar, si es que podemos elegir o es necesario tomar algún camino. Además de profundizar en las técnicas básicas, vamos ahora a introducir algunos conceptos más que pueden sernos de utilidad.

Uno de los descubrimientos más importantes de Buda, que se conoce como la primera noble verdad, es el hecho de que el sufrimiento existe. Una vez oí a un intelectual que comentaba en una tertulia de radio que a los budistas les gusta sufrir y que toda su doctrina se regodea en el sufrimiento. Hay gente que se sorprende mucho al saber que el primer gran descubrimiento de Buda tras su completa iluminación fue este. Pues bien, si se comprende adecuadamente, en realidad se trata de un gran descubrimiento, y el hecho de admitirlo no implica ni ser budista ni que te guste sufrir. Creo que esta noble verdad es la base de la salud emocional y física. La mayoría de nuestros males podrían evitarse si la tuviéramos en cuenta. Lo ilustraré con un ejemplo sencillo: estoy sentada escribiendo esto que ahora lees y noto cierta molestia en la zona de la cintura. Entonces, me detengo y la observo un instante. A continuación, trato de relajar la zona y cambio de postura. Probablemente esa sensación desaparecerá en un rato. Esa molestia es muy sutil, pero de alguna forma es también sufrimiento y existe. Existe en mí, en este momento y, gracias a que me he dado cuenta de su existencia, he podido ponerle remedio.

Suele emplearse el término «sufrimiento» para traducir la palabra *dukkha*, del pali, una de las lenguas en que están escritos los textos budistas. Se trata de un término genérico que no tiene una traducción exacta y que se refiere, en general, a todos aquellos estados que nos producen malestar (insatisfacción, agobio, desesperanza, dolor, desilusión, angustia, irritación… y estrés).

Te invito a reflexionar unos instantes: ¿crees que es posible solucionar algo si desconocemos que existe? Si no sé que tengo una enfermedad, un problema en mi relación o una tristeza en mi corazón, ¿cómo puedo afrontarlos? Nos pasamos la vida dando la espalda a nuestro sufrimiento, del tipo y del tamaño que sea. Piensa unos instantes en todas las vueltas que das y en las maniobras que utilizas para negarlo. Todos lo hacemos, la mayoría de las veces de forma inconsciente. Casi toda nuestra vida, sobre todo en esta parte del planeta, la parte más «desarrollada», está montada para ocultar y negar el sufrimiento. A casi nadie le gusta sufrir (a los budistas tampoco, por lo que yo sé). Diversiones, medicamentos, terapias y religiones son, en muchos casos, modos de intentar eliminar o escapar del malestar, en cualquiera de sus manifestaciones. Los seres humanos tenemos un instinto muy fuerte que nos lleva a buscar el placer y evitar el dolor. El problema radica en si los métodos que utilizamos para eso nos funcionan o no. Buda dijo que, si queremos erradicar el sufrimiento de forma permanente, debemos aceptarlo y conocerlo bien, entrar en él, atravesarlo, trascenderlo. Es decir, lo contrario de lo que se suele hacer —sin demasiado éxito, en la mayoría de las ocasiones—: negarlo, ocultarlo y evitarlo.

Hay un episodio de *Los Simpson* en el que Homer va en el coche y de pronto se le enciende un pilotito en el salpicadero que le indica que se está quedando sin gasolina. Homer no quiere detenerse porque va con mucha prisa. Ante el imprevisto, se enfada y apaga a golpes la lucecita, en lugar de parar y repostar. Me gusta esta imagen porque refleja muy bien lo que muchas veces hacemos en nuestra vida: creemos que nuestros males van a desaparecer si los ignoramos o los silenciamos. Y muchas veces sucede justo lo contrario: en lugar de desaparecer, se vuelven más grandes. Las señales que emite eso que no va bien aumentan de intensidad hasta que no nos queda más remedio que enterarnos. El hecho de estar en contacto con nuestro cuerpo y sus sensaciones, uno de los pilares de la práctica de la atención plena, nos ejercita para que seamos capaces de percibir, incluso a un volumen muy bajito, las señales que emite nuestro cuerpo indicándonos que tenemos que detenernos y prestar atención a lo que está ocurriendo. Si esta mañana no me hubiera dado cuenta de la vocecita que emitía mi cintura y la hubiera ignorado, manteniendo la tensión y la mala postura que la provocaba, puede que por la tarde me hubiera dado la lata a un volumen más alto, y quizá no se habría resuelto con un simple cambio de postura.

Muchos de los estados que nos provocan sufrimiento lo hacen porque no les hemos prestado atención a su debido tiempo, para intervenir sobre sus causas y resolverlos con mayor facilidad. Sin duda que es más sencillo parar a repostar en una gasolinera cuando acaba de encenderse la luz de la reserva que cuando el depósito se ha agotado y tienes que empujar el coche o caminar hasta la estación de servicio más próxima. Ni que decir tiene que si repostamos antes de que se encienda la luz nos ahorramos algunas tensiones más...

Hace un tiempo conocí a un hombre que me encandiló por completo. Pensaba que era el gran amor de mi vida que había aparecido por fin. Solo le faltaban la capa y el caballo blanco: lo demás, lo tenía todo... o casi todo. Un par de días después de conocernos, estábamos sentados frente al mar, charlando relajadamente y yo le conté algo acerca de mi pasado que le molestó. Me interrumpió con brusquedad y me dijo que dejara de hablar de ese tema. Añadió que, en ese momento lo toleraba, pero que si nuestra relación prosperaba, no me permitiría hablar de ese asunto. Recuerdo aún el vuelco que me dieron el cuerpo, la mente y el corazón en aquel momento. Dieron un salto y se encogieron los tres a la vez. Me quedé muda. Sentí algo parecido a un gran bofetón. Me recuperé y seguí adelante como pude. La conversación continuó, el enamoramiento siguió y mantuvimos una relación. Un año después de aquel impacto, el idilio llegó a su fin. El desencadenante de la ruptura fue el mismo que apareció aquel día frente al mar y que yo obvié como pude. Durante el año que pasamos juntos, el conflicto que nos llevó a la ruptura había ido subiendo el volumen hasta que no quedó más remedio que escucharlo. Aquel hombre cumplió con su palabra, tal y como me advirtió al comienzo: había cosas de mí que no toleraba y que no pensaba permitirme hacer. Y resultó que su actitud y la mía, juntas, no resultaron muy sostenibles.

Traigo aquí una parte de aquella historia para ilustrar la importancia de estar conectados con nosotros mismos y con nuestra realidad, y de advertir las señales de que estamos mal, cuanto antes mejor. Aquel día, en los comienzos de la relación (ahora lo sé), sentí una auténtica conmoción por el hecho de que alguien a quien yo amaba ya y a quien quería amar aún más, me tratara con brusquedad o me amenazara con prohibirme hacer algo. Lo cierto es que yo estaba tan distraída y tan relajada con la gran cantidad de maravillas y encantos que en aquel momento se estaban desplegando, que percibí como un leve susurro y pasé por alto lo que mi cuerpo me estaba diciendo en un volumen bien alto.

Me salté la primera noble verdad y necesité un año entero para aceptar y reconocer el sufrimiento que aquella relación me provocaba y que no se compensaba con todas las excelencias que ofrecía.

Aquel buen hombre (que lo era y mucho) no fue la causa de mi sufrimiento. La causa fue mi actitud, en concreto mi falta de atención, unida a las terribles ganas que yo tenía de que aquella historia funcionara. Aquel momento de la conmoción, que fue el primero que yo registré, estuvo seguramente precedido por otros momentos de malestar más sutil que se me pasaron de largo. Y luego fue seguido por otros momentos, cada vez más evidentes y difíciles de obviar para mí, hasta que me vi sin fuerzas para seguir en aquella relación.

Aquella historia estuvo bien así como fue; pero, si yo me hubiera dado cuenta del malestar que me inundó aquel día frente al mar, habría podido decidir libre y «conscientemente» si quería mantener o no aquella relación, aceptando el hecho de que el «paquete» incluía esa parte que me resultaba especialmente difícil de digerir.

Tanto en nuestras relaciones como en nuestra vida en general es frecuente que aparezca el autoengaño; que no veamos la realidad tal y como es, sino que nos contemos a nosotros y a los demás una versión más o menos edulcorada de la misma. Si queremos acceder a una felicidad real y duradera, es importante estar atentos y conectados con las sensaciones, con nuestro cuerpo y con la realidad; es importante ser valientes y atrevernos a mirar sin engaños para poder tomar las decisiones que nos lleven en la dirección en la que de verdad queremos que vaya nuestra vida.

Práctica

Cuando notes que algo te molesta, párate un instante y salúdalo. Puedes decir: «Hola, contractura»; «buenos días, tristeza»; «saludos, mis queridos pensamientos de "no valgo para nada"». Si te apetece, además, puedes sonreírles. Después, continúa con la actividad que estuvieras realizando.

La clave: dar espacio

Una vez que nos hemos dado cuenta de que algo va mal, el siguiente paso es —en lugar de salir huyendo— quedarnos ahí, para ver lo que está pasando. Salimos corriendo de lo que nos desagrada de mil maneras diferentes. Si queremos sacarle el jugo a nuestros conflictos, superarlos y que nos sirvan para conocernos mejor y sentirnos más tranquilos, nos conviene quedarnos en ellos y ver qué pasa.

Quiero aclarar, antes de continuar, que no «hay que» quedarse con el sufrimiento, sobre todo, si existen maneras de evitarlo y si es esa la opción que preferimos. Pero conviene contar con una estrategia para cuando no es posible cambiar nada o escapar, o cuando la forma de hacerlo acarrea más problemas que ventajas. Con esto me refiero a que una vía de escape de algo que no quiero afrontar puede ser beberme una botella de coñac o gastarme lo que no tengo en una tarde de compras. En muchos casos, la estrategia que usamos para evitar enfrentarnos a lo que nos disgusta lo único que hace es añadir más complicaciones.

En la segunda noble verdad, Buda afirma que el sufrimiento tiene una causa. Y en la tercera, que si eliminamos esa causa, el sufrimiento desaparece.[4] La causa que debemos eliminar es un estado mental. Se trata precisamente de esa tendencia que tiene nuestra mente a cerrase y rechazar lo que no le gusta. Y, a su vez, como la otra cara de la misma moneda, a aferrarse y no querer soltar aquello que sí. Esta sencilla inclinación es la causante, según Buda, de todos nuestros males. El miedo, la tristeza, la tensión, la angustia... todos se derivan de no aceptar y no conocer bien el hecho de que todo es pasajero y que, tanto lo que me gusta como lo que no, pasará. Y por eso, si queremos vivir bien, no merece la pena que nos aferremos a nada ni tampoco que rechacemos nada. Solo tenemos que disfrutar plenamente de lo que nos gusta y soltarlo cuando se acaba, y tratar de llevar lo mejor que podamos aquello que nos desagrada y que es inevitable. Sabiendo siempre que todo, lo bueno y lo malo, pasará.

La práctica de mindfulness está orientada a enseñarnos a navegar en las cambiantes olas de la realidad y a adaptarnos a ellas, sabiendo sacar provecho de los cambios que, queramos o no, sucederán. A veces me pregunto: Si me ofrecieran que las situaciones que vivo pudieran ser fijas y mantenerse invariables para siempre, ¿lo querría? Enseguida me respondo que no. Me acabaría cansando de lo que me encanta y no quiero ni pensar cómo sería que alguno de mis episodios más dolorosos durara para siempre. El hecho de que todo cambie y nada permanezca convierte la vida en algo absolutamente maravilloso. Muchos de los síndromes de los que tanto se habla y que provocan grandes dosis de sufrimiento a muchas personas, como el síndrome posvacacional o el del nido vacío, tienen su causa en ese no saber soltar lo que ya ha pasado y abrirse con ilusión a lo nuevo que viene para descubrir qué nos trae.

Recuerda que tenemos instalado en nuestro cerebro un programa básico con el que funcionábamos bien en la época en que vivíamos en cuevas. Nuestros primitivos ancestros se movían por un territorio repleto de peligros y de dificultades para la supervivencia, y sus genes han llegado hasta hoy gracias a estos tres movimientos básicos de su sistema nervioso:

• «Me gusta» (y, por lo tanto, quiero más, busco más de esto): una fruta dulce y jugosa, practicar sexo o un buen refugio calentito. Todo esto, tan agradable, favoreció nuestra supervivencia. Nuestros antepasados se afanaron en buscarlo y conservarlo, y sintieron miedo y preocupación ante el hecho de no tenerlo o perderlo.

- «No me gusta» (y, por lo tanto, no lo quiero, trato de eliminarlo o lo evito): un león hambriento, un miembro de mi misma especie con cara de pocos amigos o un terreno poco firme. Evitar y luchar contra esto favoreció nuestra supervivencia. Nuestros antepasados emplearon gran parte de su energía y de sus recursos en luchar o huir de lo que «no les gustaba», y pudieron sentir miedo y tensión ante la mera sospecha de que alguno de estos acontecimientos desagradables irrumpiera en su vida.

- «Me da igual» (y, por lo tanto, no le hago ni caso): un insecto diminuto, una florecilla o el canto de un pajarillo. Esto tenía poca importancia para nuestra supervivencia como especie, así que se podía dejar a un lado o aplastar de un pisotón, llegado el caso.

Este programa básico (me gusta/no me gusta/me da igual) sigue instalado en lo profundo de nuestro cerebro y condiciona nuestra vida de forma notable, como ya hemos visto en otras partes de este libro. Vuelvo a traerlo a colación porque este funcionamiento mental es el que, según Buda, causa nuestro sufrimiento. De nosotros depende seguir obedeciendo a esta mente primitiva que reacciona ante la realidad según un programa básico de supervivencia o cambiar a otro estado mental más «moderno y actual» que viva la realidad de un modo más abierto y pleno; un modo más adaptado a los tiempos actuales, en los que vivir no solo consiste en luchar por sobrevivir. Este modo mental es el que se propone desde la práctica de mindfulness. Nuestra mente primitiva es la que juzga todo aquello con lo que se encuentra para evaluar si es bueno o malo con respecto a la supervivencia y reaccionar en consecuencia. En cambio, la mente que estamos cultivando con el mindfulness es una mente que suspende los juicios y se abre a la experiencia.

El estado que practicamos con la atención plena es una combinación de relajación y alerta. Podríamos llamarla una «relajación atenta» o una «atención relajada». No se trata de relajarnos hasta el punto de no saber lo que está pasando y de que todo nos resbale, ni de estar tan atentos que esto nos provoque tensión. Se trata de un estado en el que el equilibrio tensión-relajación es perfecto: nos damos cuenta de todo lo que está pasando, pero sin tensarnos por ello; permanecemos tranquilos ante eso que está sucediendo y de lo que estamos siendo totalmente conscientes.

Por lo general ofrecemos espacio, confianza y apertura a aquello que nos agrada. Ahí nos resulta fácil relajarnos. Y ante lo que nos desagrada (o sospechamos que va a desagradarnos), nos tensamos y nos cerramos. El gran reto consiste en permanecer abiertos y relajados ante todo. Cada uno de nuestros estados, las personas con las que nos relacionamos, todo aquello que nos pasa en la vida merece nuestra apertura y nuestra atención. Si mi hija se me acerca para pedirme (como cada viernes) que le permita volver a casa por la noche a la hora que a ella le apetezca, tengo tres opciones. La primera es tensarme y cerrarme mientras pienso: «Otra vez... Esta niña no sabe los peligros que corre... Estoy harta de repetirle siempre lo mismo...». La segunda consiste en relajarme y dejar que mi hija haga lo que le dé la gana. Y la tercera, escuchar a mi hija, ofreciéndole espacio y atención y dándome cuenta de cuál es su situación, de cómo se siente, de qué motivos y necesidades tiene para pedir lo que pide, etc., y después de ese momento de intimidad y conexión con ella, decidir, tranquilamente, qué horario quiero ponerle. Podemos practicar este estado de «atención relajada» o de «relajación atenta» con todo lo que nos encontremos en nuestro día a día y ver qué pasa. Para ello nos ayudará colocarnos en la «postura en dos puntos» que aprendimos en el capítulo anterior, que es una manifestación física de ese estado. El cuerpo relajado, la expresión facial amable y la espalda recta, imprimiendo la mínima tensión necesaria.

Práctica

Cada vez que notes que algo te disgusta, observa si detectas algún tipo de tensión en tu cuerpo o en tu mente que indique que te estás cerrando ante eso. Luego, si quieres, puedes adoptar la «postura en dos puntos» y hacer una práctica sencilla del maestro vietnamita Thich Nhat Hanh para relajar y crear espacio. La práctica consiste en observar tu respiración y repetir para tus adentros: «Al inhalar, observo mi cuerpo; al exhalar, dejo que se relaje». Aprovecha la inhalación para centrar la atención en las sensaciones y en la tensión, y la exhalación, para soltar esa tensión y conectar con el peso y la suavidad de tu cuerpo.

Hay un concepto en psicología que se conoce como «el estrés del síntoma». Este mismo fenómeno está también presente en la tradición budista: es el *dukkha de dukkha*. Es algo así como «el sufrimiento por el sufrimiento», es decir, sufrir porque estamos sufriendo. Un alto porcentaje del malestar que padecemos se produce porque no queremos estar sintiendo lo que sea que estemos sintiendo en un determinado momento. Me da ansiedad por tener ansiedad o me siento triste por estar triste. Casi me atrevería a decir que el 100 por ciento de nuestro malestar se debe a nuestra resistencia a ese malestar. Si dejo que mis sensaciones de ansiedad estén ahí y no me resisto a ellas ni hago nada para que se vayan, lo cierto es que no me molestan tanto y tardan poco en desaparecer. Cuando tengo ansiedad, por lo general la siento como una especie de vacío y de hormigueo en la zona de mi estómago. En realidad, se trata de algo bastante suave si lo comparo con la misma sensación multiplicada por mil que tendría si me subiera en una montaña rusa. En esos momentos comprendo que sería capaz de pagar por experimentar esas sensaciones aumentadas por mil, y cuando me llegan pequeñitas y gratis, las rechazo... Me sirve esta comparación porque, además de reírme cada vez que la hago, me doy cuenta de cómo las sensaciones de la ansiedad son algo insignificante y solo se tornan desagradables si me cierro y me peleo con ellas.

Más adelante veremos ejemplos de cómo regular emociones creando espacio. Este es probablemente el paso clave para afrontar lo que sea que nos esté ocurriendo, y consiste en darnos cuenta de lo que está pasando sin cerrarnos a ello. Me gusta mucho una historia que escuché sobre Buda. El maestro tenía un discípulo que siempre estaba quejándose. Un día lo llamó y le pidió que trajera un puñado de sal. Buda echó la sal en un vaso de agua e invitó al aprendiz a beber. Después le preguntó a qué sabía el agua y el discípulo le contestó que tenía un sabor muy desagradable, amargo. A continuación, fueron juntos caminando hasta un lago. Allí Buda echó otro puñado de sal e invitó después al discípulo a beber agua del lago. Al joven le pareció que el agua tenía un sabor fresco y agradable. Buda le explicó entonces que el dolor en la vida es como la sal: siempre es la misma cantidad; el sufrimiento que experimentamos depende del tamaño del recipiente en que vertemos esa sal. Cuando tememos y nos cerramos ante lo que sucede, nos convertimos en un estrecho recipiente donde el dolor puede hacérsenos imposible de digerir. La práctica de mindfulness nos permitirá acceder al espacioso lago que somos en el que tiene cabida todo lo que nos ocurre.

La guinda del pastel: la compasión

> *Al final, todo consiste en aprender*
> *a ser amable.*
>
> ALDOUS HUXLEY

Durante el tiempo que realicé mis prácticas en la planta psiquiátrica de un hospital, tuve la oportunidad de estar en contacto con personas ingresadas allí que sufrían muchísimo. La mayoría de ellas no padecían circunstancias especialmente difíciles, pero se encontraban tan mal que no podían valerse por sí mismas ni llevar una vida normal fuera de aquel terrible lugar. En la primera parte de este libro comenté cómo el «yo narrativo» de estas personas estaba muy desarrollado y las alejaba de la realidad. Unido a esto, observé que no tenían una buena relación con ellas mismas. No se conocían, no se comprendían, no se trataban bien ni estaban en contacto con su cuerpo ni con lo que les tocaba vivir en cada momento. Pasaban la mayoría del tiempo en un mundo virtual creado a medida y complicado hasta el infinito por una mente que no conocía descanso.

Lo que después he seguido observando es que no hace falta estar ingresado en un psiquiátrico para mantener esa misma actitud de desconexión y desconocimiento de nosotros mismos y de lo que nos sucede en cada momento.

El hecho de permanecer en contacto con nosotros mismos y con lo que nos pasa hace que nos demos cuenta de cuándo no nos sentimos bien, y desarrolla en nosotros la intención de hacer lo posible por cambiar esa situación. La sensibilidad hacia el sufrimiento y los deseos de hacer algo por aliviarlo, es lo que se conoce como compasión y es una actitud que se va desarrollando de forma natural al practicar la atención plena. Al ir cultivando la capacidad para estar presentes, vamos aumentando también la capacidad y la disposición para estar con nosotros y con lo que nos sucede. Esta compasión que va surgiendo hacia nosotros y hacia los demás constituye uno de los elementos más potentes de la atención plena para producir bienestar. En el budismo, al corazón compasivo que, después de haberse comprendido y aceptado a sí mismo, se abre, comprende y acepta a los demás, se le conoce como *bodichita*. El lama Thubten Yeshe, en *La esencia del budismo tibetano*, explica: «La bodichita es muy práctica, os lo aseguro. Es como una medicina. La actitud egoísta es como un puñal o una espada clavada en el corazón; te hace sentir siempre incómodo, mientras que con bodichita te sientes en paz. En el momento en que empiezas a abrirte a los demás sientes un placer increíble, una energía inagotable, una satisfacción inmensa».

La compasión hacia uno mismo que se desarrolla practicando mindfulness no es lástima, condescendencia o autoindulgencia, ni tiene un sentido religioso. Se trata de un sentimiento profundo y genuino de amor y respeto hacia uno mismo y hacia lo que se está sintiendo en cada momento. La práctica de mindfulness nos pone en contacto con nuestra humanidad y nuestra vulnerabilidad, volviéndonos más comprensivos hacia nosotros y hacia los demás, reduciendo nuestras exigencias y expectativas, y permitiendo que, por fin, nos relajemos frente al mundo.

En un retiro al que asistí con los monjes del monasterio de Plum Village, en Francia, una de las monjas dijo que mindfulness y amor son la misma cosa. Según ella, la base del amor es el hecho de «estar ahí para el otro», y la condición previa indispensable para estar ahí para el otro es «estar ahí para ti». El mindfulness es la práctica de «estar ahí para nosotros mismos», presentes en nuestra vida, en nuestro cuerpo, nuestros pensamientos y nuestras emociones, en especial cuando nos sentimos mal por haber cometido errores o porque algo no ha salido como lo esperábamos. El amor es ese espacio que se crea con la práctica de mindfulness donde todo lo que ocurre tiene cabida sin que lo juzguemos o queramos expulsarlo. Ese «estar ahí para mí», desarrolla la aceptación hacia lo que hago y lo que soy. A diferencia de la autoestima, la compasión hacia uno mismo no surge de compararse con nadie o de hacer las cosas mejor o peor, sino de conocer en profundidad todos nuestros aspectos, los que nos gustan y los que no, y amarlos y aceptarlos a todos. Cuando me comporto de maneras de las que no estoy orgullosa, mi parte compasiva lo detecta, pero no me machaca diciéndome lo mal que lo he hecho. La compasión nos recuerda que somos humanos y que la mayor parte de los errores que cometemos se debe a la ignorancia o a grandes dosis de sufrimiento que nos llevan en la dirección equivocada. Al volvernos más compasivos con nosotros mismos, también lo hacemos hacia los demás. Comenzamos a comprender los errores de los otros, incluso cuando nos han hecho daño; adoptamos una perspectiva más amplia y comprensiva, hacia nosotros y hacia los demás, que nos lleva a tener mejores relaciones y menos tensión.

Además de meditaciones como las descritas en la segunda parte de este libro, más orientadas a cultivar nuestra capacidad de atender al presente y de darnos cuenta de qué está sucediendo en cada momento, existe un tipo de meditación que se conoce como **generativa**, porque sirve para «generar» y cultivar estados concretos, como el amor o la compasión. De modo que, para desarrollar la compasión, aparte de practicar mindfulness, también puedes realizar este tipo de meditaciones. Aunque se centren en aspectos diferentes, tanto unas como las otras van a llevarte en la misma dirección, la de calmar tu mente y generar en ti un sentido de conexión y respeto hacia ti mismo y hacia lo que te rodea. Voy a presentarte dos de ellas.

MEDITACIÓN *METTA*[5]

Consulta las instrucciones relativas a lugar, ropa y postura en las páginas 59-62.

Práctica

Antes de comenzar, dedica unos minutos a observar tu respiración en la zona del pecho, dejándola seguir su ritmo natural. Nota cómo tu pecho se expande con cada inhalación y cómo desciende suavemente con cada exhalación. Si te apetece, puedes poner las manos, una encima de otra, en el centro de tu pecho. Si aparecen pensamientos, déjalos pasar y permite que tu atención repose tranquilamente en la respiración.

Cuando te sientas preparado, visualiza enfrente de ti una silla vacía. Deja que se siente en ella una persona a la que tengas mucho cariño, por quien te sientas muy agradecido.

Puede ser un familiar, un maestro o alguien por quien sientas un amor especial. Sin perder el contacto con tu pecho y tu respiración, trata de sentir el amor que te inspira ese ser querido y, con la máxima sinceridad y profundidad que te sea posible, repite, en el silencio de tu mente, estas frases dirigidas a esa persona:

- que seas feliz;
- que tengas paz;
- que tengas salud y bienestar;
- que estés libre de ira y de miedo;
- que te vaya bien en la vida.

Permanece unos instantes en contacto con tus sentimientos de aprecio hacia esa persona o con cualquier otro sentimiento que haya surgido y, cuando quieras, deja que esa persona abandone la silla.

Estos mismos pasos se repiten mientras otras personas ocupan la silla, en este orden:

- tú mismo;
- una persona «neutra», alguien a quien veas a menudo pero con quien no tengas una relación especialmente estrecha (un camarero, un vecino, un conserje, etc.);
- un «enemigo», alguien con quien te lleves mal, que te haya hecho o te siga haciendo daño;
- los demás seres: imagina que la silla es muy grande y que en ella cabe mucha gente, toda la gente. En este paso

puedes visualizar a todas las personas que viven en tu casa y cerca de ella e ir incorporando a los habitantes de tu barrio, tu ciudad, tu país, tu continente, el mundo y todo el universo. Reconoce que todos los seres, en algún momento de su vida, sufren y que todos, igual que tú, desean ser felices, y envíales las frases con el deseo profundo de que encuentren la felicidad.

Vuelve poco a poco a conectar con la respiración en tu pecho y descansa tu atención en el aire al entrar y al salir.

Algunas consideraciones

Puedes hacer esta meditación completa, tal y como la describo aquí, o elegir solo alguno de sus pasos.

En la parte del «enemigo», si no quieres sentar a alguien en concreto, puedes poner a un personaje público o incluso a un grupo de personas con cuyas actuaciones no estés de acuerdo.

Si te cuesta imaginar a las personas sentadas enfrente de ti, basta con que visualices su cara, alguna escena que recuerdes con ellas o sencillamente con que notes su presencia cerca de ti.

Cada vez que hagas tu práctica de meditación formal, te recomiendo que al final dediques unos instantes a practicar meditación *metta*: lleva las manos a tu pecho, conecta con tu respiración en ese lugar y, con el máximo sentido y profundidad que te sea posible, dirige unas frases como las de la práctica *metta* hacia ti y hacia todos los seres.

Las frases no tienen que ser exactamente las mismas que he escrito aquí. Puedes utilizar las que tú quieras. Te recomiendo que no sean más de cuatro o cinco y que no las cambies en cada meditación. Evita utilizar negaciones, por ejemplo, en vez de emplear «que no tengas problemas», puedes decir «que estés libre de problemas».

Al principio de la meditación, si te cuesta generar sentimientos de ternura y amor, puedes dedicar unos minutos a visualizarte relacionándote con un bebé o un cachorrito, que suelen despertar estos sentimientos de modo natural. De todos modos, recuerda que, como en todas las meditaciones, no hay nada concreto o especial que debas sentir. Lo importante es observar y permitirte experimentar aquello que sientas, sea lo que sea.

MEDITACIÓN *TONGLEN*[6]

Consulta las instrucciones relativas a lugar, ropa y postura en las páginas 59-62.

Práctica

Antes de comenzar, dedica unos minutos a observar tu respiración en la zona del pecho, dejándola seguir su ritmo natural. Nota cómo tu pecho se expande con cada inhalación y cómo desciende suavemente con cada exhalación. Si te apetece, puedes poner las manos, una encima de otra, en el centro de tu pecho. Si aparecen pensamientos, déjalos pasar y permite que tu atención repose tranquilamente en la respiración.

Trae a tu mente a alguien que esté sufriendo, puedes ser tú o cualquier otra persona. Puedes imaginar a esa persona en detalle o sentir que está ahí junto a ti.

Visualiza su sufrimiento como un humo denso y negro. Inhala ese humo y al exhalar dirige hacia la persona sentimientos de paz, amor, relajación o cualquier otro que creas que puede ser útil. Puedes ver estos sentimientos que exhalas como una luz blanca y brillante.

Termina llevando tu atención a la zona del pecho y observando ahí el ritmo de tu respiración.

Tonglen es una meditación que consiste en tomar el sufrimiento, tuyo o de los demás, y devolver paz, alegría o cualquier sentimiento agradable que creas necesario en ese momento. Con ella estamos invirtiendo el modo en que solemos comportarnos en la vida cotidiana, en la que rechazamos el sufrimiento; *tonglen* nos prepara para abrirnos al malestar sin miedo y sin resistencia. Poco a poco, al practicar esta meditación vamos comprendiendo que el sufrimiento forma parte de la vida y que de nada sirve cerrarse ante él o tenerle miedo. Al abrirnos al sufrimiento sin reservas, nos abrimos también a la felicidad y a la vida tal y como es. Para superar todo lo que no nos gusta, lo primero que tenemos que vencer es nuestra resistencia a eso mismo. Esta resistencia se va reduciendo también con la práctica de la atención plena, así que no tienes que hacer *tonglen* si no te apetece. El valor de *tonglen* consiste en que accede de forma directa a esa resistencia y la transforma en apertura y confianza.

Si practicas *tonglen* contigo mismo, a la vez puedes «situar» junto a ti a toda la gente que tiene el mismo problema que tú en ese momento. Por ejemplo, cuando no puedas dormir, inhala tu insomnio, tu inquietud, tu tensión y cualquier cosa que te esté molestando e impidiéndote dormir, y exhala calma, serenidad o lo que necesites en ese instante. A la vez que inhalas lo tuyo, siente que estás inhalando los mismos sentimientos de mucha gente que, como a ti, en ese momento les cuesta conciliar el sueño. Y al exhalar, experimenta lo mismo, expande esa luz blanca llena de calma que procede de tu interior sobre todas esas personas que se hallan en tu misma situación. Aunque no consigas dormir, a la mañana siguiente te sentirás mucho mejor si haces esto que si pasas la noche dándole vueltas a tu cabeza y peleándote con tus tensiones. Te animo a probarlo. *Tonglen* es la práctica que utilizo más a menudo. Cuando me siento mal conmigo o con otros, visualizo ese malestar que inspiro como humo negro y exhalo luz brillante que me inunda, a mí o a la persona o grupo que me preocupe. Me produce un efecto de calma y confianza inmediatas. Además, todos los días, al final de mi práctica formal, llevo las manos a mi pecho, conecto con mi respiración en esa zona y, después de repetir mis frases de *metta*, veo delante de mí a personas cercanas que lo están pasando mal, inspiro su sufrimiento y les devuelvo calma o lo que crea que necesitan. Después de esto, voy abriendo el campo de mi atención desde estas personas hasta todos los seres y vuelvo a inhalar humo negro y a exhalar luz. Me sienta muy bien cerrar así mi práctica diaria.

Estas prácticas de compasión son «portátiles». Con ello quiero decir que puedes usarlas de forma abreviada cada vez que te veas abrumado por tu malestar o por el de los demás. El modo de hacerlo es a lo que la experta en compasión Kristin Neff llama «el mantra[7] de la compasión» y que se resume en tres pasos:

- darte cuenta de que estás mal y decírtelo: «me siento mal», «aquí hay sufrimiento»;
- decirte que no estás solo en eso, sino que en ese momento mucha gente está pasando por lo mismo;
- pronunciar, para ti mismo o para la persona que se encuentre mal, las frases de *metta*: «que sea feliz», «que tenga salud», etc.

Mantra de la compasión

Para practicar en cualquier momento que lo necesites.

Realiza unas cuantas respiraciones profundas y presta atención a las sensaciones en tu cuerpo. Al exhalar, nota cómo tu cuerpo pesa y se van soltando las tensiones.

Pasos:

• date cuenta de que estás mal y di: «me siento mal», «aquí hay sufrimiento»;

• date cuenta también y di para tus adentros que no estás solo en eso, que en ese momento mucha gente está pasando por lo mismo que tú;

• dirígete a ti mismo (y a esas personas que se encuentran en la misma situación que tú) las frases de la meditación *metta*: «que sea/seamos feliz/felices», «que tenga/tengamos salud», etc.

Otro mantra de compasión que encuentro muy útil es el utilizar la frase «igual que yo». La repito cuando me «peleo» con la forma de ser, hablar o comportarse de alguien. Por ejemplo, cuando me pillo haciendo juicios acerca de lo antipático que es un camarero o un conductor de autobús, respiro y me repito la frase «igual que yo». Entiendo que «igual que yo», esa persona tiene problemas y días mejores y peores y que, también «igual que yo», quiere ser feliz y estar bien; seguramente no conoce otra manera mejor de conseguirlo.

Te propongo que uses este mantra cada vez que recibas una llamada comercial. Mi hija Sofía trabajó como teleoperadora durante un verano y un día, al llegar a casa después de la jornada, me dijo: «Mami, por favor, trata bien a la gente que te llame por teléfono para ofrecerte algo. Si no te interesa, díselo, pero con cariño. No te imaginas lo duro que es soportar el modo en que nos trata la mayoría de la gente y lo que se agradece y lo bien que sienta cuando alguien es amable con nosotros, que solo estamos intentando hacer nuestro trabajo». Así que, cada vez que recibo una llamada de un banco o una compañía de teléfonos, me acuerdo de mi hija. Espero que el teléfono suene varias veces y, mientras, voy poniendo la postura en dos puntos y conectando con mi respiración. Cuando descuelgo el auricular, trato de ser amable en todo momento, comprendiendo que «igual que yo» esa persona que me está llamando tiene necesidades, buenos y malos momentos, familia, amigos... y que tan solo está tratando de ganarse la vida y de hacer bien su trabajo. No siempre consigo llegar hasta el final manteniéndome amable y relajada, pues a veces ante la insistencia de algunos me salgo un poco de mis casillas. Pero me siento muy contenta con este cambio de perspectiva y con el hecho de que la amabilidad vaya teniendo cada vez más espacio en mi vida.

Meditación de la llamada comercial

Cuando estés en casa y suene el teléfono, deja que suene tres veces antes de cogerlo para adoptar la postura en dos puntos (la espalda recta y el cuerpo relajado) y tomar contacto con tu respiración.

Si el objeto de la llamada es ofrecerte algún producto, respira hondo y repite interiormente la frase «igual que yo». Recuerda que la persona que te habla es un ser humano, igual que lo eres tú. Como tú, tiene problemas, alegrías y tristezas y, también como tú, quiere ganarse la vida lo mejor que pueda. Trata de ser amable mientras dura la conversación. No tienes que comprar nada o escuchar sus argumentos. Si no quieres o no puedes atender a esa persona, díselo cortésmente.

Observa tu cuerpo y tus reacciones durante todo el proceso (si te aceleras, si te enfadas, etc.) sin culparte por lo que suceda.

Cuando acabes, sea cual sea el resultado, date las gracias por haberte esforzado en ser amable y por haber contribuido a que el mundo sea un poquito mejor.

Caso práctico I: gestionar la emoción en tres pasos

Los tres puntos que acabamos de analizar constituyen la clave para gestionar desde la conciencia plena todo lo que nos sucede, sea grande o pequeño. Les he dedicado una atención especial porque es importante que los comprendas y los practiques por separado si quieres estar preparado para no verte arrastrado cuando aparezcan las tempestades. Darnos cuenta, crear espacio y compasión, son para mí los tres pilares que necesitamos para afrontar la realidad de un modo fértil y creativo.

¿Qué hacer cuando aparece una emoción?

Da igual que la emoción sea suave o intensa, los pasos para tratarla con mindfulness son:

- Darte cuenta: reconocer la emoción en ti.
- Crear espacio: permitir que esté ahí, observando lo que pasa sin que te arrastre.
- Compasión: tratarte bien y ser amable en todo momento contigo, con los demás y con tu emoción.

Es probable que no consigas seguir estos pasos a la perfección siempre que te relaciones con una emoción. Tampoco tienes que seguirlos en orden; en realidad, los tres pasos son tres aspectos de uno solo, la atención plena, de modo que en el proceso de gestionar una emoción iremos utilizándolos según los necesitemos hasta que la emoción haya pasado. Lo importante es, como siempre, practicar el hecho de centrar la atención una y otra vez en lo que está pasando, viendo y aceptando hasta dónde llegamos en cada momento. Y la vida irá haciendo el resto. Ocasiones de practicar, como ya hemos comentado, no van a faltarte. Cuanto más te pongas a ello, más fácil te será gestionar tus emociones sin desbordarte cuando aparezcan. Recuerda que al practicar mindfulness estamos desarrollando la parte de nuestro cerebro que es capaz de observar nuestros impulsos más viscerales desde fuera sin verse implicada ni desbordada. El desarrollo de esta parte de nosotros que observa lo que sucede con ecuanimidad va a permitirnos permanecer en calma y decidir lo que más nos conviene en cada situación.

Pondré unos ejemplos de mi propia experiencia, simplificándolos un poco, para comprender los tres pasos.

A veces, cuando estoy haciendo cualquier cosa, de pronto noto que aparece una emoción sin relación aparente con eso que estoy haciendo. En mi caso, las emociones que me sobrevienen así, de golpe, suelen ser miedo, tristeza o ansiedad. El hecho de percibir que la emoción está ahí es ya el primer paso, darme cuenta. Por lo general, en cuanto la veo, le pongo un nombre. Me digo, por ejemplo, «esto es miedo» o «ya está aquí el miedo». Prefiero reconocerlos de manera «despersonalizada» porque así se quedan menos tiempo. Si digo «oh, tengo miedo» o «ay, qué triste estoy», al meterme a mí misma en la emoción, termino por tomármelo como algo personal y la gestión de la emoción se complica.

Una vez identificada y con su nombre puesto, dejo un momento lo que esté haciendo, si es necesario, y observo la emoción. En concreto me fijo en cómo se manifiesta en mi cuerpo y en mi mente. Así, cuando tengo miedo, el corazón me late muy deprisa y siento el resto del cuerpo paralizado; los pensamientos quedan muy pequeñitos detrás de esas sensaciones que me resultan bastante desagradables. A menudo los pensamientos son muy difusos y están relacionados con la idea de que estoy llevando mi vida mal, que voy por el camino equivocado y que un día no podré seguir engañándome y todo el montaje estallará (yo incluida). Dejo que esos pensamientos permanezcan ahí, no me detengo en ellos y me centro en las sensaciones, con frecuencia en el latido aceleradísimo de mi corazón. Si es necesario, respiro atenta y profundamente. Después de unos instantes, todo pasa y sigo con lo que estuviera haciendo. A veces, raras veces, necesito decirme a mí misma después que si algún día todo lo que estoy montando en mi vida (de lo que además me siento orgullosa) se derrumba y demuestra ser una farsa, ya veré qué hago, pues ahora no se me ocurre ni quiero hacer nada diferente de lo que estoy haciendo. Después conecto con mi respiración y con la sensación profunda de «todo va bien».

En el caso de la tristeza, lo primero que descubro es una sensación corporal de baja energía, tengo la impresión de estar «desinflada». A veces la emoción es muy fugaz y prácticamente con saludarla y echarle un ojo es suficiente; sigo con lo que estoy haciendo y se va. Otras veces, se queda un poco más de tiempo, así que puedo observarla mejor. Me fijo sobre todo en los pensamientos y estoy atenta a no enredarme con ellos, pues tengo cierta tendencia a recrearme en las penas. Cada vez que me descubro siguiendo el hilo de un pensamiento del tipo «oh, cuánto echo de menos a mi hija…» u otro similar, en cuanto me doy cuenta, vuelvo a centrar mi atención en lo que esté haciendo. Y hago esto hasta que recupero la calma. Si la emoción dura más de la cuenta o se presenta de manera recurrente, trato de buscar algún motivo relacionado con ella, que por lo general suele ser una necesidad que he pasado por alto. Así, puede que me percate de que no he dormido bien y que preciso descansar; o quizá necesite salir con amigos y despejarme porque he dedicado demasiado tiempo al trabajo y a estar en casa. Entonces, en cuanto puedo, trato de satisfacer la necesidad que la tristeza ha puesto de relieve.

Recomiendo hacer estas reflexiones, si no aparecen como intuiciones durante el curso de la emoción, cuando todo haya pasado y hayamos vuelto con la calma. A menudo no somos muy objetivos en relación a lo que vemos bajo los influjos de una emoción. Además, si nos dedicamos a reflexionar mientras dura la emoción, corremos el riesgo de enredarnos con los pensamientos y complicar y alargar el proceso innecesariamente.

A la hora de utilizar el tercer paso, la compasión, en situaciones como estas, lo pongo en práctica a través de una estrategia que me resulta muy eficaz porque me aporta consuelo de inmediato. Se trata de abrazar y dar cariño a la emoción y a la Beatriz emocionada. Así que, ante el miedo o la tristeza, digo: «Venga, miedo, voy a cuidarte, a comprenderte y a estar contigo mientras estés aquí». Y luego, me digo: «Venga, Bea, voy a cuidarte y a permanecer contigo y con tu miedo. Cuando eras pequeña no sabías cuidar de tus miedos y nadie te enseñó a hacerlo. Ahora sí, ahora sé cuidar de ti y de los miedos. Estoy aquí para ti».

Cuando aparece la ansiedad procuro darle el mismo tratamiento que al miedo o a la tristeza. Si en vez de miedo, tristeza o ansiedad aparecen otras emociones como culpa o arrepentimiento, también las trato del mismo modo. La clave está en permanecer presente mientras se desarrolla la emoción, sin alimentarla con los pensamientos ni hacer nada bajo su influjo. El yo narrativo que vimos en la primera parte puede transformar una emoción breve y fugaz en un estado de ánimo que me acompañe todo el día e incluso durante más tiempo. Esto sucede si le doy pie a ese yo narrativo, creyendo en lo que me dice y siguiendo sus argumentos. Conozco a personas, cuyo estado de ánimo es el enfado o la tristeza, que llevan gran parte de su vida inmersos en esa condición, pues se dedican a alimentarla en vez de dejarla pasar.

Las situaciones que acabo de ejemplificar se dan cuando la emoción que se presenta es suave, dura poco y no parece tener relación con nada de lo que está ocurriendo. Algo bien diferente sucede, en mi caso, cuando aparece la rabia. A veces, la rabia surge a partir de un hecho poco importante, como que se estropee el ordenador. En ese caso procuro darle idéntico tratamiento que a las que acabo de explicar y suele desaparecer pronto. En otros casos, algo que hace o dice otra persona consigue que se dispare en mí una oleada de rabia bastante más intensa. Hace poco, por ejemplo, una amiga me llamó muy tarde por la noche para pedirme que nos viéramos al día siguiente. Habíamos tenido un problema y ella estaba empeñada en aclararlo a toda costa y cuanto antes. Yo le había dicho en una conversación anterior que estaba muy ocupada y que, además, necesitaba un par de días al menos para reposar todo lo ocurrido. Pero ella llamaba a esas horas para insistir en encontrarnos. Al final me dijo algo así como: «Busca un hueco mañana, porque yo necesito que nos veamos». Cedí ante su insistencia y me comprometí a encontrar un momento para quedar con ella al día siguiente. Lo que pasó después es que me acosté y no me podía dormir. Mi cabeza daba vueltas y vueltas repitiendo la conversación que habíamos tenido por teléfono. De pronto me di cuenta de que estaba muy enfadada. Me dije: «Aquí hay un montón de rabia», y traté de gestionarla, dejándole espacio y observándola. Estuve horas navegando con las sensaciones, los pensamientos y la emoción que subía y bajaba. Me sentía un marinero en una pequeña barca en un océano en plena tempestad. Saqué mi triángulo de la atención y, como pude, me dediqué a observar las sensaciones y los pensamientos. La emoción era una sola, rabia. Estaba metida en un torbellino en el que pensamientos, sensaciones y emoción se manifestaban de forma muy activa e iban aumentando y alimentándose unos a otros. La mayor parte del trabajo que realicé fue el de observar todo lo que mi mente me decía en aquellos momentos y el de permanecer sin hacer nada, pues la rabia me empujaba en la dirección de llamar a mi amiga y decirle cuatro cosas. Después de varias horas de intensa tempestad, la emoción desapareció y el mar volvió a estar en calma.

El procedimiento para gestionar emociones más intensas es el mismo que para las suaves, es decir, observarlas y dejarles espacio. La diferencia radica en que en las emociones fuertes hay que estar más atento para no enredar la situación. Algunas pautas que pueden ayudar son:

- Mientras la emoción está viva en ti, no reflexionar, ni buscar causas o posibles culpables.
- Estar atentos a no reaccionar. En su punto de mayor intensidad, la emoción nos empuja con mucha fuerza en

dirección a hacer algo. En el caso de la rabia, normalmente nos empuja a atacar, a otros o a nosotros mismos. En el ejemplo anterior, notaba en mí fuertes impulsos de llamar a mi amiga para decirle, entre otras cosas, que me había echado a perder la noche; también veía cómo me culpaba a mí misma de todo lo que había pasado por no haber sabido establecer límites claros y por más razones que aparecieron en esos momentos.

• Dirigir la mirada hacia nosotros mismos. Cada vez que la atención se desvía hacia fuera, para culpar al exterior o analizar lo que ha pasado, conviene volver hacia dentro, hacia uno mismo, no para buscar ahí al culpable, sino para seguir observando la emoción, los pensamientos y las sensaciones.

• Ser compasivos con nosotros y con el supuesto «disparador» de la emoción. Las personas que creemos la causa de nuestros enfados, pueden o no ser responsables de nuestra emoción; pero no nos servirá de nada analizarlos a ellos. Funciona mejor tratar de comprender que han actuado sin mala fe y que, si tenían la intención de hacernos daño, solo nos lo harán si nosotros se lo permitimos. Por mucho y muy grave que sea lo que alguien nos ha hecho, nosotros tenemos siempre la última palabra sobre si enfadarnos o no. En cuanto a nosotros, tampoco somos «culpables» de nada. Resulta interesante descubrir si de algún modo hemos facilitado el terreno y preparado las condiciones para que surja esa emoción, con vistas a no repetir lo mismo en otra ocasión.

Las emociones funcionan como las olas, van aumentando de intensidad hasta llegar a un punto máximo, a partir del cual comienzan a descender. Recuerda que así se comportan también los impulsos que aparecen cuando nos dan ganas de comer chocolate y que ya vimos cómo surfear en el capítulo anterior. Si permanecemos en la ola de la emoción y no la alimentamos con nuestros pensamientos o la interrumpimos y complicamos haciendo algo, tarde o temprano su intensidad bajará. En ese momento es cuando podremos tomar una decisión desde la calma y la claridad que aparecen después de haber vivido con atención plena un proceso semejante.

También es interesante reflexionar, una vez pasada la tempestad, con el objetivo de extraer la sabiduría que nos aportan estos procesos. Podemos analizar las causas y condiciones que se han producido para que eso haya sucedido. Así, la próxima vez que ocurra algo similar, sabremos qué hacer para no vernos en la misma situación. En el caso que he contado, me di cuenta de que yo no había sabido cuidarme ni velar por mis necesidades. Nadie me obligó a atender el teléfono a esas horas o a decir que sí a una cita con mi amiga al día siguiente. Me di cuenta de que el problema no era tanto que ella no hubiera respetado mis límites como el que yo misma no los hubiera respetado ni hecho respetar. Ahí estaba mi incapacidad para decir «no» y mi actitud de querer mostrarme siempre como una «niña buena», mientras pasaba por alto lo que de verdad quiero. Comprender esto y verlo tan claro me servirá para poder poner remedio en situaciones similares que se produzcan en adelante y que no vuelva a repetirse lo que pasó aquella noche.

Una vez extraída la enseñanza de todo el proceso, sin necesidad de rumiar ni consultar nada con nadie, es posible que aparezcan con claridad en nuestra mente las acciones que queremos realizar de acuerdo a lo que hemos comprendido. Estas acciones serán respuestas, decisiones conscientes y conciliadoras, que seguramente sumarán más que las posibles acciones que habríamos emprendido en el caso de habernos dejado llevar por el calor de la emoción.

Gestionar la emoción

Pasos:

- Date cuenta de que ha aparecido y salúdala: «¡Hola, rabia!».

- Obsérvala y déjale espacio: inspira y mira cómo se manifiesta la emoción en tu cuerpo y exhala dejando que tu cuerpo se relaje. Fíjate en qué pensamientos y sensaciones aparecen en ti junto con la emoción. Presta atención a tu respiración, dejando que la emoción vaya y venga, suba y baje de intensidad, hasta que sientas que se va calmando.

- Compasión: comprende que eres un ser humano y que la emoción que estás sintiendo es algo normal. Piensa que, igual que tú, muchas personas están sintiendo en ese momento la misma emoción. Dirige hacia ellos y hacia ti unas frases de la meditación *metta* («que seamos felices, que tengamos paz...»).

Presta atención a:

• No enredarte en los pensamientos que aparecen mientras dura la emoción. Míralos con distancia, deja que pasen y permanece atento a tus sensaciones corporales o a la respiración. Si te enredas en alguno, en cuanto te des cuenta, suéltalo y vuelve a la respiración o a las sensaciones.

• No reaccionar: date cuenta de qué te dan ganas de hacer bajo el influjo de la emoción y trata de no seguir el impulso. De nuevo, mantente en la respiración y espera que pase el temporal emocional. Si no puedes evitar actuar, observa lo que haces mientras lo estás haciendo.

Sabiduría:

Una vez que la emoción ha pasado y te sientes calmado, puedes reflexionar acerca de aquello que ha podido desencadenar la emoción. Busca en ti las causas y mira si quieres hacer o modificar algo para que no vuelva a producirse la misma situación.

Caso práctico II: pequeños conflictos cotidianos

Los tres pasos que hemos visto para tratar emociones pueden servirnos también para gestionar conflictos más complejos que surjan en nuestra vida cotidiana. La única diferencia es que, en el caso de los conflictos, aumenta la complejidad de las situaciones. Habrá más emociones diferentes y más factores en juego, pero el modo de afrontar lo que nos pasa es el mismo. Debemos estar especialmente atentos a:

- dejar pasar los pensamientos que vayan apareciendo sin enredarnos en ellos;
- no tomar decisiones o actuar en caliente, bajo el influjo de las emociones. Es mejor mantener la calma y permanecer en el conflicto sin reaccionar; como decía san Ignacio de Loyola: «En tiempo de tribulaciones, no conviene hacer mudanza»;
- estar atentos a la sabiduría que de forma natural se va destilando al vivir los procesos con atención plena.

En el proceso de escritura de este libro, estoy pasando por momentos de bloqueo en los que me siento mal. A veces duran unos instantes y otras se quedan más tiempo. Trato de afrontarlos practicando los pasos que hemos visto: darme cuenta, crear espacio y compasión. Cuando aparece el estado de bloqueo, lo primero que hago es saludarlo amablemente: «Hola, bloqueo, aquí estás de nuevo». (Recuerda, esta es la primera noble verdad.) No me gusta nada esta sensación que enseguida se refleja en mi cuerpo, en mi mente y en mi corazón. Además, la puedo percibir con claridad: mi cuerpo sufre tensiones, en el cuello, en la cintura, en los hombros… noto molestias digestivas, cansancio… y algún que otro síntoma más. Mi mente da vueltas sin parar. Me topo con ese yo narrativo del que hablábamos en la primera parte charlando y juzgando continuamente: «¡¿Quién me mandó a mí meterme en un berenjenal como este...?!», «Soy una impostora y una insensata... con el montón de sabios que tratan y han tratado este tema, ¡¿cómo me atrevo...!?», «¡Ay, si no llego a tiempo para cumplir el plazo de entrega...!», etc., etc., etc. Y el corazón refleja toda esta agitación con miedos, preocupaciones e inquietud. Como decía, no es un estado muy agradable. Pero sé que forma parte del proceso de escribir un libro o de cualquier otro proceso. Y responde a este hecho innegable que comentamos más arriba de que nada es permanente. Momentos de luz, en los que todo va sobre ruedas y son muy agradables de experimentar, dan paso a momentos de oscuridad, en los que nos agobian las dudas y en los que cuesta más permanecer en paz. El gran reto para mí consiste en mantener la calma en todo momento, «a pulmón», sin tener que beberme para ello una botella de coñac. Y la ayuda con la que cuento es la de practicar la atención relajada. Así que, cuando aparece el bloqueo, después de saludarlo, observo todo lo que trae consigo y dejo que todo eso esté ahí, sin tomármelo muy a pecho. Dejo que estén ahí las dudas, las tensiones, los miedos... Me fijo en todo, observo todo. Respiro, suelto tensiones, dejo pasar mis pensamientos y mantengo mi postura en dos puntos. Y, por supuesto, me siento a escribir. A veces me quedo horas sentada y avanzo un montón y, en otras ocasiones, avanzo menos. Pero casi siempre escribo algo.

En resumen, se trata, en primer lugar, de darme cuenta de que existe un bloqueo y de permitir que esté ahí. Se trata de darle espacio y de no pelearme con él. Si me cierro y trato de luchar, observo esto y sigo haciendo lo que tenga que hacer, dejando al bloqueo en una especie de segundo plano. Es algo así como darle al bloqueo su importancia, pero no tanta como para otorgarle el papel de protagonista. Pues el protagonista verdadero es este libro que ahora tienes en tus manos y que, como ves, conseguí terminar. Observando, me he dado cuenta además de que, si me cierro ante el bloqueo y me lo tomo muy en serio, dura más. Es como si, al cerrarme a él, en realidad le estuviera cerrando el paso, sujetándolo de algún modo. Si me relajo y le dejo su espacio, se desvanece con mayor facilidad.

Para ayudarme a dar espacio y a permanecer en este estado, para mí tan desagradable y boicoteador, y permitir que pase de largo y no se atasque, me sirven varias cosas:

• Adoptar la postura en dos puntos (la espalda recta y el cuerpo relajado), respirar y pasar el triángulo de la atención, observando pensamientos, sensaciones y emociones sin reaccionar.

• Imaginarme al bloqueo como el monstruo azul, grande y bonachón, de la película *Monstruos S. A.*

• Darme cuenta de que, en realidad, el bloqueo es insustancial, no existe como tal. En realidad, lo que yo llamo «bloqueo» no es, de nuevo, una entidad fija y permanente, sino más bien ese conjunto de pensamientos, dudas y tensiones corporales que aparecen de vez en cuando, que van y vienen y que yo puedo observar y dejar pasar sin hacerles mucho caso.

• Recordar cuál fue la intención que me llevó a aceptar el encargo de escribir este libro. Mi intención fue la de que el mayor número de personas puedan beneficiarse, como yo lo hago, de toda la tranquilidad y la alegría que aporta la práctica de mindfulness. Esta intención es muy fuerte en mí y actúa como una cuerda a la que me agarro para salir adelante y seguir con lo mío, cuando descubro una tempestad en forma de pensamientos, emociones y sensaciones que, en cierto modo, me nubla y me tambalea.

• Mi práctica formal: casi cada vez que me siento a meditar, tengo la oportunidad de lidiar con estados parecidos a ese que llamo «bloqueo». Puedo observar y permanecer con sensaciones desagradables, como picores o tensiones musculares; puedo identificar pensamientos que van y vienen, sin dejarme llevar del todo por ellos; puedo observar y dar espacio a mi impaciencia cuando empiezo a pensar lo que falta para que suene la alarma. Sentada en el cojín, me doy cuenta claramente cómo todo cambia, cómo todo va y viene, aparece y desaparece, mientras yo permanezco ahí, relajada y atenta a la vez, sin impedir el paso a nada. Toda esta práctica crea en mí «músculo» y fondo para poder luego recibir con alegría y lidiar con el monstruo azul que aparece en mi vida, con el nombre de «bloqueo» o con otro nombre, cuando menos me lo espero.

• Sentirme conectada con todos los que en este momento están pasando por algo parecido y mandarles apoyo, a ellos y a mí misma. Como ya comenté, en estas situaciones me funciona muy bien practicar *tonglen*.

• Tratarme con cariño: no estoy con el bloqueo «a pecho descubierto» más tiempo del que me apetece estar. Si me canso de tanta duda y tanta inquietud o veo que no me surge nada inspirado que escribir, me voy de paseo, de cervezas o a ver una película (si es posible, una comedia).

• El humor: por lo general, oscilo entre dos extremos a la hora de afrontar lo que me sucede. O le doy muchísima importancia o no le doy ninguna. Cuando consigo quitarle hierro a lo que me pasa y reírme incluso, me siento muy aliviada. Así que, si puedo, me río de lo que me esté sucediendo. Eso sí, sin quitarle su puntito de importancia, que también, para mí, la tiene.

Para terminar, quiero ofrecerte una última práctica muy breve que siempre va a servirte para afrontar emociones, conflictos y todo lo que surja en cualquier momento de tu vida. Quizá no resuelva nada, o sí, pero sin duda se trata de un buen paso, tal vez el mejor, para comenzar. Me refiero a parar. Parar y respirar, parar y mirar. Antes de hacer nada, de decidir nada, parar.

S — Stop
T — Toma una respiración
O — Observa
P — Prosigue

Cuando te sientas perdido, agobiado, sobrepasado, para. Cada vez que te acuerdes, para. Detente, respira y observa. Desconecta durante unos segundos de la corriente de tu pensamiento, de la inercia en la que estás metido y mira alrededor, escucha, siente... Si no tienes tiempo de meditar, si no te acuerdas, practica este sencillo ejercicio de vez en cuando. Puedes usar señales externas para acordarte, como poner una alarma en el reloj o hacerlo cada vez que escuches el teléfono o cualquier otro sonido. Puedes servirte también de los pensamientos negativos, juicios o quejas que aparezcan en tu mente a modo de «alarmas internas», que te recuerden parar y practicar este ejercicio. Gracias a esta sencilla práctica irás dejando que tu vida se vaya abriendo y llenando de calma, momento a momento.

Lecturas

Teniendo en cuenta que «vale más un gramo de práctica que una tonelada de teoría», voy a recomendarte algunas lecturas y autores por si quieres leer algo más en relación con la atención plena. Para mí, la teoría es, en muchas ocasiones, una distracción más y un alimento muy potente para esa mente de mono que queremos calmar. Durante los cursos, mucha gente me dice que no tiene tiempo de practicar, pero me piden títulos de libros para leer en casa. Si tienes tiempo para leer y no para practicar, algo no está funcionando como debería.

Hay dos autores que te recomiendo, Pema Chödrön y Thich Nhat Hanh. Puedes leer cualquier título de ellos; si lo haces despacio, saboreando y con atención, su lectura se convierte en una meditación. De Pema Chödrön, en especial me llegó *La sabiduría de la no evasión* (Barcelona, Oniro, 2012).

Algunos títulos que considero interesantes:

- *El libro del mindfulness*, de Bhante Henepola Gunaratama (Barcelona, Kairós, 2012).
- *La postura de la meditación*, de Will Johnson (Barcelona, Herder, 2009).
- *El poder del mindfulness*, de Christopher Germer (Barcelona, Paidós, 2011).
- *Busca en tu interior*, de Chade-Meng Tan (Barcelona, Planeta, 2012).
- *La alegría de vivir*, de Yongey Mingyur Rinpoche (Móstoles, Rigden, 2012).
- *La trampa de la felicidad*, de Russ Harris (Barcelona, Planeta, 2010).
- *Comunicación no violenta (Un lenguaje de vida)* (Buenos Aires, Gran Aldea Editores, 2006) y *El sorprendente propósito de la rabia* (Vallromanes, Acanto, 2014), de Marshall B. Rosenberg

Que tengas éxito en tu práctica y que puedas disfrutar de la felicidad.

Agradecimientos

Estoy muy agradecida a todas las personas que forman o han formado parte de mi vida. En relación con este libro, quiero dar las gracias especialmente a:

- mi amiga del alma, Patricia Ramírez;
- Carlos Martínez, el editor de Penguin Random House;
- Francisco Tornay, Antonio San Martín y mi hija Sofía, por leer el manuscrito, con mucho cariño y dedicación, y ofrecerme valiosas sugerencias; a mi hija Sara, por sus consejos sobre estilo;
- a Fernando A. de Torrijos, Andrés Martín, Ana Arrabé, Julio Hervás, Lynn Koerbel, Carolyn West y a todos mis profesores;
- a los monjes y monjas de Plum Village y a todos los maestros y participantes de los retiros a los que he asistido;
- a aquel grupito de amigos y familia que aceptaron ser mis conejillos de Indias cuando comencé a impartir el programa de mindfulness MBSR (Ana Ballester, Lucía, mi

hermana Gema y mi cuñado Antonio), al «núcleo duro de mindfulneros» (Pablo Guaza, Pablo Aguilar, Brezo, Angie y Francisco) y a todos los participantes de mis cursos;

- a mis padres Antonio y Merce; a mi hermana Angélica; a mis sobrinos Rodrigo, Bea y Hugo; a mi tía Asunción y al resto de mi familia;
- a Carmen, Eli, África, Ana López, María Fátima, Lorena, Miguel, Alejandro, Pilar Ariza, Karina, María Artacho, Gracia, Mao, Pedro, Mark, mi vecina Eva, Juan Luis, Manuel Adán, Antonio Ureña, Francisco y Javier.

Notas

1. El concepto básico propuesto tanto por Buda como por Kabat-Zinn, denominado mindfulness o atención plena, es un tipo sencillo de meditación y, a la vez, el estado que se cultiva a través de ella. Más adelante lo explicaremos en la práctica, pues es como mejor se comprende. En esencia consiste en vivir y concentrarse en el momento presente, con una actitud amable y de aceptación de lo que está sucediendo.

2. Si te interesa este tema, en internet puedes encontrar multitud de estudios sobre los beneficios y efectos del mindfulness. Algunos de los científicos más importantes dedicados a esta área son Jon Kabat-Zinn, Richard Davidson, Daniel Goleman o Sara Lazar. En España hay grupos de investigación importantes en universidades como la de Almería, Valencia o Zaragoza.

3. Para matizar este tema, recomiendo encarecidamente escuchar la charla TED de Kelly McGonigal, «Cómo convertir el estrés en tu amigo», muy fácil de encontrar en internet.

4. La cuarta, y última, noble verdad se conoce como el Noble Óctuple Sendero. Se trata del método en ocho pasos que Buda propone para librarse del sufrimiento. La atención plena es uno de esos ocho pasos. Si te interesa saber más sobre el noble sendero, en *La práctica de la atención plena en nuestra vida cotidiana* de Bhante Henepola Gunaratana encontrarás una explicación detallada (México, Pax México, 2007).

5. La palabra *metta* (o *maitri*) no tiene una traducción exacta en español; se refiere a algo así como «amor incondicional», «amabilidad amorosa» o «deseo de que los demás sean felices».

6. *Tonglen* es una palabra tibetana que significa «dar y recibir».

7. Un mantra es un grupo de sonidos, palabras o frases que se repite a veces como apoyo a la meditación.

El papel utilizado para la impresión de este libro
ha sido fabricado a partir de madera
procedente de bosques y plantaciones
gestionados con los más altos estándares ambientales,
garantizando una explotación de los recursos
sostenible con el medio ambiente
y beneficiosa para las personas.
Por este motivo, Greenpeace acredita que
este libro cumple los requisitos ambientales y sociales
necesarios para ser considerado
un libro «amigo de los bosques».
El proyecto «Libros amigos de los bosques» promueve
la conservación y el uso sostenible de los bosques,
en especial de los Bosques Primarios,
los últimos bosques vírgenes del planeta.

Papel certificado por el Forest Stewardship Council®